中山大学经济学专家学者文集

——在深化改革开放中推动经济高质量发展

主编 李善民 黄毅

Insights from Economics Scholars
of Sun Yat-sen University:
Promoting High Quality
Economic Development
in Deepening Reform
and Opening Up

经济管理出版社
ECONOMY & MANAGEMENT PUBLISHING HOUSE

图书在版编目（CIP）数据

中山大学经济学专家学者文集：在深化改革开放中推动经济高质量发展 / 李善民，黄毅主编 . -- 北京：经济管理出版社，2024. --ISBN 978-7-5243-0195-0

Ⅰ . F0-53

中国国家版本馆 CIP 数据核字第 2025YQ7302 号

组稿编辑：王光艳
责任编辑：王光艳
责任印制：张莉琼

出版发行：经济管理出版社
　　　　　（北京市海淀区北蜂窝 8 号中雅大厦 A 座 11 层　100038）
网　　址：www.E-mp.com.cn
电　　话：（010）51915602
印　　刷：北京市海淀区唐家岭福利印刷厂
经　　销：新华书店
开　　本：720mm×1000mm/16
印　　张：12
字　　数：222 千字
版　　次：2025 年 1 月第 1 版　2025 年 1 月第 1 次印刷
书　　号：ISBN 978-7-5243-0195-0
定　　价：68.00 元

目 录

第一篇

把握习近平经济思想的
要义和精髓

习近平总书记关于经济高质量发展的
重要论述

葛尔奇 [①]

自党的十八大以来，面对国内外经济发展的新形势，习近平总书记统筹把握中华民族伟大复兴战略全局和世界百年未有之大变局，应时代变迁、领时代先声、立时代潮头，提出了一系列关于中国经济新常态、新特征、新趋势的重要理论观点。结合中国国情、立足实践之中，形成"习近平经济思想"，开辟了马克思主义政治经济学的新篇章。作为中国特色社会主义经济理论体系的最新成果，习近平经济思想体系深刻总结了自改革开放以来中国经济发展的历史经验。经过几年的实践、凝练和深化，该思想体系日益丰富完善，并以此指引中国经济现代化进程，使推动新时代中国特色社会主义经济高质量发展的路径日益清晰。

一、坚定不移把握"首要任务"，把高质量发展作为新时代的硬道理

发展是党执政兴国的第一要务。1978 年，党的十一届三中全会作出了以经济建设为中心、实行改革开放的历史性决策，走出了一条中国特色社会主义道路，推动中国经济迈上快速增长的轨道。1992 年，面对人民日益增长的物质文化需求和落后的社会生产力之间的矛盾，邓小平同志在南方谈话中提出"发展才是硬道理"。在这一战略指导下，中国经济持续健康发展，实现了从生产力相对落后到经济总量跃居世界第二的历史性突破，取得了举世瞩目的成就。党的十八大报告中强调，"必须坚持发展是硬道理的战略思想，决不能有丝毫动摇"，并指出

---

① 葛尔奇，博士，现任中山大学岭南学院助理教授，主要从事理论经济学和发展经济学研究。

经济建设是实现国家富强、人民富裕、社会进步的基础和关键。

新时代的发展应当是高质量发展。在 2023 年底召开的中央经济工作会议上，习近平总书记提出"必须把坚持高质量发展作为新时代的硬道理"，与"发展才是硬道理"既一脉相承，又与时俱进，标定了中国经济发展新方位。自党的十八大以来，以习近平同志为核心的党中央立足新时代这个历史方位，深刻把握我国经济发展阶段性特征，提出并践行了一系列推动高质量发展的新理念、新思想、新战略，推动我国经济迈上更高质量、更有效率、更加公平、更可持续、更为安全的发展之路。党的二十大报告指出，"高质量发展是全面建设社会主义现代化国家的首要任务"。这一系列论述，凝结了中国共产党对于部署经济工作、制定经济政策、促进经济发展的坚定决心和强大引领作用，体现了党一以贯之地把发展作为党执政兴国的第一要务的战略定力，展示了党对发展规律的深刻把握，明确了经济建设在国家整体发展中的核心地位，彰显了中国共产党在新时代推动高质量发展的坚定信念和责任担当。

二、坚持以人民为中心的发展思想和"根本立场"，推动实现全体人民共同富裕的现代化

共同富裕是社会主义的本质要求，是中国式现代化的重要特征。"现代化的本质是人的现代化"，让全体人民共享经济发展成果，体现的是坚持以人民为中心的发展思想。2012 年 11 月 17 日，习近平总书记在主持十八届中共中央政治局第一次集体学习时指出，共同富裕是中国特色社会主义的根本原则，所以必须使发展成果更多更公平惠及全体人民，朝着共同富裕方向稳步前进。新时代我国社会主要矛盾已经转化为人民日益增长的美好生活需要和不平衡不充分的发展之间的矛盾，习近平总书记多次从不同角度讨论了共同富裕的重要性。2021 年 8 月 17 日，习近平总书记在中央财经委员会第十次会议上强调："共同富裕是社会主义的本质要求，是中国式现代化的重要特征，要坚持以人民为中心的发展思想，在高质量发展中促进共同富裕。"2022 年，党的二十大将共同富裕作为中国式现代化的一部分，推动经济转向高质量发展轨道。

共同富裕不仅是一个经济目标，更是社会政策的导向，其反映了中国建设更加公正合理的社会秩序的决心。通过推动全体人民共同富裕，构建更加包容、兼顾效率与公平的可持续发展模式，为实现中国式现代化和中华民族伟大复兴提供坚实的社会基础。与此同时，共同富裕并不是"搭便车"，不能"等靠要"，全体

人民既是共同富裕的受益者，也是共同富裕的参与者和创造者。因此，要最大限度地激发和调动人民群众的积极性、主动性、创造性，通过诚实劳动，形成人人参与、人人尽力、人人享有，共建、共享、共富的良好局面。

三、完整准确全面贯彻新发展理念，指导经济实现质的有效提升和量的合理增长

坚持新发展理念是中国经济发展的指导原则。2015 年 10 月，习近平总书记在党的十八届五中全会上开创性地提出了创新、协调、绿色、开放、共享的新发展理念。2017 年 10 月，党的十九大报告强调，我国经济已由高速增长阶段转向高质量发展阶段。新发展理念科学系统地回答了新发展阶段党关于实现高质量发展的立场、方向、途径等重大问题，其既是理念更新，也是行动指南。

第一，创新在引领高质量发展中发挥着关键作用。在新的历史条件下，传统的粗放型发展模式难以为继，必须依靠科技创新推动经济社会发展方式的根本转变。只有坚持创新驱动发展，不断提高科技创新能力，努力突破关键核心技术难题，才能实现重点领域和关键环节的自主可控，推动产业升级转型，为高质量发展提供坚实支撑。

第二，协调是持续健康发展的内在要求。长期以来，我国区域、城乡、行业之间的发展不平衡问题一直较为突出。促进各领域、各方面的协同配合和一体化发展，促进要素的合理流动和均衡配置，能够增强发展的平衡性、包容性和可持续性，提高发展的质量。

第三，绿色是高质量发展的必然选择。在过去一段时间内，由于采用粗放型发展模式，我国资源消耗较高，环境污染严重，治理成本高昂，环境事故频发，限制了经济的进一步发展。坚持绿色发展理念，加快建立绿色低碳循环发展路径体系，能够实现经济发展与资源环境的协调，以充足的自然资源和良好的生态环境为基础，满足人民日益增长的美好生活需要。同时，随着人们环保意识的不断增强，绿色产品和服务的市场需求也在不断扩大，这可以激发企业以绿色创新为抓手，向绿色生产转型，抓住市场机遇，实现可持续发展。

第四，开放是实现高质量发展的必由之路。积极推动高水平对外开放，引进先进技术、管理经验和优质资源，促进技术、人才、资金等生产要素的自由流动，能够为企业提供广阔的创新空间和广大的国内外市场，有利于提升产业链供应链的韧性，为高质量发展注入持久动力。

第五，共享是高质量发展的根本目的。与粗放型发展不同，高质量发展不仅要追求经济发展的效益，更要注重发展成果的公平分配，让发展成果更多更公平惠及全体人民，不断缩小城乡差距、区域差距、收入差距，让人民群众切实感受到发展带来的获得感、幸福感、安全感。一方面有利于满足人民日益增长的美好生活需要，另一方面也有利于激发人民群众的积极性、主动性和创造性，为高质量发展带来持久动力。

四、坚持加快构建新发展格局，把握未来发展主动权

过去40余年的改革开放带来了巨大的经济成就，是我国经济发展的根本动力。随着国内国际经济形势的重大变化，传统的对外开放模式已难以满足需求。习近平总书记在党的二十大报告中提出要"推进高水平对外开放"，并提出"稳步扩大规则、规制、管理、标准等制度型开放"等举措，这涉及资本流动、技术交流、人才往来等多个层面，旨在构建开放型经济新体制，推动形成全面开放新格局。在高水平对外开放的战略指引下，中国更加积极主动地融入全球经济，为中国和世界都带来了新的发展机遇。推进中国式现代化，必须进一步全面深化改革开放，不断解放和发展社会生产力。坚定不移推进市场化改革、扩大高水平开放，推动有为政府和有效市场更好结合，为中国式现代化注入源源不断的新动力。

为更好地应对外部环境的不确定性，发挥中国的市场优势和国内需求潜力，2020年4月，习近平总书记在中央财经委员会会议上首次提出构建以国内大循环为主体、国内国际双循环相互促进的新发展格局。以国内大循环为主体，能够充分发挥国内市场潜力，增强发展的内生动力，提高发展的可持续性，同时有助于优化产业结构，提升产业链供应链水平；强调国内国际双循环相互促进，能够为高质量发展注入新动能，有利于深化国际合作，推动构建人类命运共同体，为全球发展繁荣贡献中国力量，彰显负责任的大国形象。新发展格局可以增强发展的内外部支撑，提高产业链供应链的稳定性和安全性，增强经济抗风险能力，营造更加有利的发展环境，把握未来发展的主动权，对于推动高质量发展具有重要的战略意义。一系列新理念、新思想、新战略，回答了关于发展的目的、动力、方式、路径等一系列理论与实践问题，推动着中国经济发展进入更加高质量、可持续的发展路径，成为应对世界百年未有之大变局和统筹中华民族伟大复兴战略全局的战略安排。

五、解放和发展生产力，以新的生产力理论指导高质量发展

自党的十八大以来，以习近平同志为核心的党中央科学应变、主动求变，不断深化改革创新，解放和发展社会生产力，巩固经济长期向好的态势，推动经济由大向强迈进。新时代新征程，推动高质量发展，需要突出重点难点，找准着力点。2015 年 11 月，习近平总书记在中央财经领导小组第十一次会议上强调，"在适度扩大总需求的同时，着力加强供给侧结构性改革"。通过完成去产能、去库存、去杠杆、降成本、补短板等重点任务，提高经济发展的质量，并激发企业创新动力，推动经济增长方式从要素驱动向创新驱动转变。

为顺应新一轮科技和产业革命，进一步提高生产力，2023 年 9 月，习近平总书记在黑龙江考察调研期间首次提出"加快形成新质生产力"，增强发展新动能。新质生产力代表着一种生产力的跃迁，是科技创新在其中发挥主导作用，以新技术的应用和深化为代表的生产力，是高质量发展的重要着力点。发展新质生产力，能够通过进一步将产学研结合，更好地利用我国近年来科技进步的成果，从而促进新产业的发展和新业态的涌现，为中国提供新的经济增长空间。同时，发展新质生产力，也能够通过提升自主创新能力，增强中国在复杂国际环境下的经济韧性，避免在关键领域被"卡脖子"等带来的潜在危机。

习近平总书记关于经济高质量发展的一系列重要论述，紧密结合中国改革开放的实践，不断解决发展中的矛盾和问题，提高中国经济整体实力和核心竞争力，推动中国经济的稳步发展。党的二十大报告指出，我国经济实力实现历史性跃升，经济总量占世界经济的比重达 18.5%，稳居世界第二位。2023 年，我国国内生产总值（GDP）比 2022 年增长 5.2%，在面临复杂严峻的外部挑战、艰巨繁重的国内改革任务的背景之下，这份"成绩单"来得殊为不易，也充分印证了在习近平经济思想的指导下，党中央在经济工作上的有力部署、对经济形势的科学判断。为在新时代新征程上进一步推动高质量发展，党的二十大报告作出战略部署：一是构建高水平社会主义市场经济体制；二是建设现代化产业体系；三是全面推进乡村振兴；四是促进区域协调发展；五是推进高水平对外开放。可以看出，自党的十八大以来，实现高质量发展的要求日益明确，观点日益丰富，路径日益清晰，其推动着中国经济发展克服一个个困难挑战、取得一项项巨大成就，为全面建设社会主义现代化国家奠定坚实基础。

坚持统筹好发展和安全

——论如何在深化改革开放中推动经济高质量发展

杭　静[①]

习近平总书记在党的二十大报告中强调："高质量发展是全面建设社会主义现代化国家的首要任务。发展是党执政兴国的第一要务。没有坚实的物质技术基础，就不可能全面建成社会主义现代化强国。"我国在推动高质量发展方面已经取得了历史性伟大成就，包括创新和完善宏观经济治理、坚持创新驱动发展、持续优化经济结构以及全面深化改革开放等。

这些伟大成就的取得，离不开坚持党对经济工作的全面领导，离不开坚持以人民为中心的发展思想，离不开坚持完整、准确和全面贯彻新发展理念。未来要继续推动经济高质量发展，除了在战略上毫不动摇地坚守三个"必须坚持"，在战术上也要不断完善三个"必须坚持"，即必须坚持问题导向和目标导向，必须坚持向改革开放创新要动力，必须坚持统筹好发展和安全。

在世界百年未有之大变局下，随着国内经济结构不断调整升级、外部环境日趋复杂严峻，如何统筹发展和安全、如何坚持底线思维、如何防范化解潜在风险挑战，显得尤为重要。

一、发展是安全的基础

2023 年 12 月，中央经济工作会议指出，"必须把坚持高质量发展作为新时代的硬道理"，"聚焦经济建设这一中心工作和高质量发展这一首要任务"，指向

---

① 杭静，经济学博士，中山大学岭南学院副教授。

在发展和安全的平衡之中，发展（特别是经济建设）的重要性进一步提升。

目前，我国面临内部有效需求不足、部分行业产能过剩、社会预期偏弱、风险隐患仍然存在、国内大循环存在堵点五大风险挑战，以及外部环境的复杂性、严峻性、不确定性上升，经济短期和长期两个维度存在下行压力。2023 年，中国经济整体呈现"波浪式发展、曲折式前进"的特征，最终经济增速达到 5.2%。但如果考虑 2022 年 GDP 增速仅为 3.0%，2022 年和 2023 年 GDP 平均增速仅为 4.1%。预计 2024 年我国 GDP 增长目标将继续锚定 5%，宏观政策进一步强化逆周期和跨周期调节，推动经济重回内生扩张的正循环。长期来看，锚定合理的增速目标，是我国实现经济社会发展远景目标的内在要求。党的二十大报告提出，到 2035 年，人均国内生产总值迈上大的台阶，达到中等发达国家水平。这一远景目标背后隐含了对"十四五""十五五"时期经济增长下限的要求。习近平总书记指出，"到 2035 年实现经济总量或人均收入翻一番，是完全有可能的"。要实现这一目标，2024~2035 年的年均复合增速需在 4.5% 以上，考虑经济增速呈趋势性放缓，在"十四五"收尾阶段的两年，经济平均增速需达 4.9%。短期来看，保持合理的经济增速是统筹发展和安全的必要前提。一方面，只有经济增长保持合理增速，才能创造足够的就业岗位，提升民生福祉，促进居民收入和预期的良性循环；另一方面，只有经济名义增速高于名义利率水平，债务才能运行在可持续的路径之上。

未来我国需加快构建新发展格局，推动高质量发展，促进新旧动能有序转换。由于人口拐点已现，劳动力总量收缩将对经济增长形成拖累；物质资本对增长的拉动或已见顶，特别是房地产向新发展模式转型，投资总量或随人口增长和城镇化发展放缓而趋于下行，尤其是兼顾防风险或对资本形成的长期激励形成制约。未来经济需要摆脱传统的以高资源投入、高环境成本和高社会成本驱动的增长，更多依靠科技进步、高素质人力资本等新动能。从生产要素来看，我国全要素生产率和人力资本的提升仍有较大空间。从供给侧来看，未来的亮点或在于发展以信息技术为依托的第三产业，以及新基建、先进制造业等第二产业。这有赖于坚持创新在我国现代化建设全局中的核心地位，提升了中国的创新机制和市场活力。

二、安全是发展的前提

2023 年中央经济工作会议指出，2024 年经济工作的重点之一是"持续有效防范化解重点领域风险"，包括房地产、地方债务、中小金融机构风险。要防范化解风险、实现经济安全，必须长短期手段有机结合、互补增效。

第一是房地产风险。当前，房地产市场存在销售和投资持续收缩、房企偿债压力加大、融资难度提升、债务违约事件发生等多个风险点。2023 年，商品房销售面积、销售金额和房地产投资完成额同比分别收缩 8.5%、6.5% 和 9.6%。2023 年 7 月，中共中央政治局会议提出了通过发展化解风险的思路，首提"适应房地产市场供求关系发生重大变化的新形势"。2023 年 12 月，中央经济工作会议指出，要"积极稳妥化解房地产风险"，重点在于畅通供需循环、发展与安全并重。

短期来看，需促进销售端供需良性循环。销售端低迷是导致房企资金来源收缩的主因。由于销售端回款仍占房地产企业开发资金来源的一半，房企信用回暖、现金流实质性改善仍依赖销售端的企稳回升。因此，针对供求关系发生深刻转变、销售端下行趋势尚未终结的局面，需适时调整优化房地产政策，因城施策用好政策工具箱，未来销售端政策或由限制性全面转向支持性。长期来看，需建立房地产新发展模式。新发展模式应以住房回归商品属性、满足居住需求为要，以保障房建设、城中村改造和"平急两用"公共基础设施建设"三大工程"为抓手，同时推动土地供给制度和房地产开发销售制度改革。

第二是地方债务风险。过往我国经济增长以投资为主导，随着资本的边际回报率下降，债务积累速度超过经济增速，尤其是公共部门。2015~2023 年，我国名义 GDP 年均复合增速约为 7.9%，同时期政府债务规模年均复合增速约为 18.0%。

短期来看，需化解存量债务风险，控制增量债务风险。一方面要化解存量风险，做好甄别分类，在积极动用财政、金融资源的同时，探索区域特色化债方式；另一方面控制增量，规范债务来源及用途，提升资金使用效率。另外，需规范举债方式，开明渠、堵暗道。2015~2023 年，地方政府发行置换类债券（包括置换债和特殊再融资债）达 14.9 万亿，用于偿还隐性债务，实质上是将隐性债务"显性化"，未来我国债务增长将更加规范透明。长期来看，需要优化央地债务结构，推动土地财政转型，重新分配央地事权财权比重。我国中央政府债务占比由 2015 年的 52.8% 持续下降至 2022 年的 34.4%，而 2022 年，主要发达国家和新兴经济体中央政府债务占比均超 80%，这意味着，我国中央政府存在较大的加杠杆空间。2023 年第四季度，中央财政增发 1 万亿元国债，这标志着积极财政思路的转变以及央地债务结构优化调整的开端。中央财政将更多发力，缓解地方财政及债务困局，提升财政资金使用效率。

第三是中小金融机构风险。目前，我国共有 4368 家金融机构，其中银行机构 3994 家、非银行机构 374 家。截至 2022 年第四季度，全国高风险机构共 346 家，主要是农合机构（202 家）、村镇银行（112 家）和城商行（16 家）。由于公司治理不规范、风控能力较弱，中小金融机构普遍存在经营能力弱、资产质量差、抗风险能力低等问题。2023 年 9 月，城、农商行不良贷款率分别高于净息差 31bp 和 129bp，资本充足率分别低于大型商业银行 4.6pct 和 5.0pct。

未来防范化解中小金融机构风险，关键在于四个方面：一是严格中小金融机构准入标准和监管要求；二是推动中小银行完善公司治理、健全内控机制；三是鼓励中小金融机构立足当地、特色化经营、差异化发展；四是明确中小金融机构风险化解处置原则。对于评级尚可的机构，积极拓展其资本金补充渠道，压降不良资产发生率，主动化解风险；对出现流动性风险但资可抵债的机构，尽量安排其自救，并鼓励其通过机构整合、引战重组等方式兼并重组；对于不具备拯救价值的机构，重组或重整完成后仍不符合设立条件的，可有序实现市场出清。

三、统筹发展和安全

发展和安全是相互依存、相互促进的关系，因此必须统筹好发展和安全，在两者之间找到动态平衡，在保障安全的同时推动高质量发展，实现两者的良性互动。

统筹发展和安全首先需要贯彻系统思维，对我国经济社会领域出现的长期结构性变化和短期摩擦形成正确的研判，并针对问题形成不同的应对政策，充分发挥市场和政府作用，化解风险推动发展。其次需要坚持与时俱进，正确认识、主动适应新时代以来国内外形势的重大变化，面向长期发展继续深化改革、扩大开放，建设现代化产业体系，补齐安全生产领域的短板，构建面向未来的现代化经济体系。最后需要树立全球视野，推动全世界共同发展、应对共同挑战、保障共同安全，针对世界力量对比"东升西降""南升北降"的发展趋势，加强与新兴市场和发展中国家的合作。

"先立后破"

——习近平经济思想的科学方法论

李捷瑜 [①]

一、"先立后破"的提出与内涵

2019 年 7 月，习近平总书记在深化党和国家机构改革总结会议上指出，"在深化党和国家机构改革中，我们探索和积累了宝贵经验，就是坚持党对机构改革的全面领导，坚持不立不破、先立后破"。2021 年 7 月，中共中央政治局会议要求"纠正运动式'减碳'，先立后破，坚决遏制'两高'项目盲目发展"。2021 年 12 月，习近平总书记在中央经济工作会议中强调，"必须坚持稳中求进，调整政策和推动改革要把握好时度效，坚持先立后破、稳扎稳打"。2022 年 3 月，习近平总书记谈到实现"双碳"目标时形象地指出，"不能把手里吃饭的家伙先扔了，结果新的吃饭家伙还没拿到手，这不行"，"要先立后破，而不能够未立先破"。2022 年 4 月，习近平总书记在海南考察时强调，"要坚持维护国家安全不动摇，加强重大风险识别和防范，统筹改革发展稳定，坚持先立后破、不立不破"。2023 年 11 月，《求是》杂志发表习近平总书记重要文章《推进生态文明建设需要处理好几个重大关系》强调"要立足国情，坚持先立后破，加快规划建设新型能源体系，确保能源安全"。2024 年 12 月 9 日，中共中央政治局召开会议，指出"明年要坚持稳中求进、以进促稳，守正创新、先立后破，系统集成、协同配合"，这为做好 2025 年经济工作提供了行动指南和根本方向。

可见，习近平经济思想中的"先立后破"就是要统筹兼顾稳和进，立破有

---

① 李捷瑜，经济学博士，中山大学岭南学院副教授，研究方向为绿色经济与可持续发展。

序，稳扎稳打，把握好时、度、效，避免出现"破"得快、"立"滞后，"只破不立"或简单"一刀切"的局面。"先立后破"强调的是渐进式的改革，避免了突破性改革可能带来的不稳定和风险。在推进经济改革时，需要根据实际情况，逐步建立新的制度、机制或政策，并在建立起来后再逐步破除旧的制度、机制或政策，以确保改革的稳定性和可持续性。

二、"先立后破"是对唯物辩证法的科学把握

唯物辩证法是一种辩证思维方式，强调事物的全面性、矛盾性和发展性。"先立后破"体现了辩证思维的特点，明确指出"立"和"破"在当前特定历史背景和时代特征下的辩证关系，先"立"出新机制、新技术、新业态等新事物，再"破"旧机制、旧技术、旧业态等旧事物。这种思维方式能够帮助我们更全面、客观地认识和处理问题。

唯物辩证法强调事物的发展性和变化性，认为事物的发展是解决矛盾和问题的关键。"先立后破"就是先确立目标与蓝图，创造新的制度与机制，不断发展壮大，最后打破旧的制度与机制。恩格斯指出，事物的发展是"过程的集合体"。从事物发展过程来看，"先立后破"是其本质和规律，这对于我们实现第二个百年奋斗目标的新征程有重要的现实意义。以高质量发展全面推进中国式现代化，建设社会主义现代化国家，实现中华民族伟大复兴，需要我们不断创新体制机制，转变发展方式，这是等不得也急不得的重大而复杂的工程，需要我们精准把握和科学运用辩证法的规律，学会"先立后破"。

唯物辩证法强调实践是认识和改造世界的基础。"先立后破"强调在实践中解决问题，通过实践来验证和调整发展策略。这种实践导向的思维方式有助于在实践中不断总结经验，不断完善发展路径，实现可持续发展。

总的来说，"先立后破"是对唯物辩证法的科学把握，体现了辩证思维、发展观和实践导向的特点，能够帮助我们更好地认识和处理问题，推动事物的发展和进步。

三、以"先立后破"的科学方法论深刻领会"五个必须"

第一，通过"先立后破"的科学方法论深刻领会必须把坚持高质量发展作为新时代发展的硬道理，完整、准确、全面贯彻新发展理念，推动经济实现质的有

效提升和量的合理增长。

高质量发展是习近平经济思想的重要目标，强调发展要质量优先、效益优先，而不是简单追求速度和规模。高质量发展要求经济发展要坚持创新驱动、绿色发展、开放合作等原则，注重提高经济发展的质量、效益和可持续性。新发展理念是习近平经济思想的核心内容之一，强调创新、协调、绿色、开放、共享的新发展理念。它要求经济发展要以人民为中心，注重推动经济高质量发展，实现经济社会可持续发展。可见，高质量发展与新发展理念是"先立后破"的思维体现。只有按照"先立后破"的工作原则，突破发展"瓶颈"，优化经济结构，提高经济治理效能，才能切实推动经济实现质的有效提升和量的合理增长。

第二，通过"先立后破"的科学方法论深刻领会必须坚持深化供给侧结构性改革和着力扩大有效需求协同发力，发挥超大规模市场和强大生产能力的优势，使国内大循环建立在内需主动力的基础上，提升国际循环质量和水平。对于供给端来说，以科技创新的"立"带动产业创新，引领前沿技术形成新产业、新模式、新动能，通过"立"起新业态新模式，发展新质生产力，"破"掉落后的产业、产能、工艺模式，加速推动现代化产业体系建设。对于需求端来说，依靠"立"起并壮大新型消费市场，形成完整内需体系，"破"除不适应新消费习惯的产品和服务，以需求驱动供给，用新供给创造新的有效需求。在实施供给侧结构性改革和扩大有效需求的过程中，通过先"立"一些基础性、先导性的制度和机制，实现供需协同发展。

第三，通过"先立后破"的科学方法论深刻领会必须坚持依靠改革开放增强发展内生动力，统筹推进深层次改革和高水平开放，不断解放和发展社会生产力、激发和增强社会活力。改革开放是中国近代以来最重要的一次历史转折，也是中国经济发展的关键时期。改革开放的核心是解放思想、实事求是，通过引进外来经验和技术，开放市场，吸引外资，推动中国经济的现代化进程。改革开放初期，中国面临巨大的挑战和困难，需要通过改革破除计划经济体制的弊端，引入市场机制，建立起适应市场经济的制度和政策框架。习近平经济思想强调在进行改革和发展时要稳定和可持续，改革开放是在中国经济发展的关键时期所采取的具体行动。在改革开放的过程中，中国先"立"起来了一套适应市场经济的制度和政策框架，然后通过破除不适应发展需要的旧有制度和政策，不断推动经济的发展和改革的深化，这正是习近平经济思想中的"先立后破"所强调的。这种方法论的核心在于稳定和可持续发展，在改革过程中避免出现过度冲击和剧烈波动。

第四，通过"先立后破"的科学方法论深刻领会必须坚持高质量发展和高水平安全良性互动，以高质量发展促进高水平安全，以高水平安全保障高质量发展，发展和安全要动态平衡、相得益彰。习近平经济思想中的"先立后破"的科学方法论是高质量发展和高水平安全良性互动的有效保证。习近平经济思想强调要立足国内国际经济形势的实际情况，坚持稳中求进的发展理念。在推动高质量发展和高水平安全的过程中，首先要稳定经济运行，保持经济增长的韧性和可持续性，为后续的改革和创新奠定坚实基础。习近平经济思想强调要突出重点，注重协同推进各项工作。在推动高质量发展和高水平安全的过程中，要根据国家发展战略和经济社会发展的重点领域，有针对性地制定政策和措施，协同推进各项工作，实现经济发展的整体性和协同性。习近平经济思想强调要防范风险，保持经济稳定。在推动高质量发展和高水平安全的过程中，要加强监管和风险防控，防范金融风险和经济波动，保持经济的稳定运行，为高质量发展提供安全保障。综上所述，习近平经济思想中的"先立后破"的科学方法论能够保证高质量发展和高水平安全良性互动，通过稳定经济运行、突出重点、防范风险和创新驱动等方面的工作，实现经济发展的稳定性、协同性和可持续性。

第五，通过"先立后破"的科学方法论深刻领会必须把推进中国式现代化作为最大的政治，在党的统一领导下，团结最广大人民，聚焦经济建设这一中心工作和高质量发展这一首要任务，把中国式现代化宏伟蓝图一步步变成美好现实。中国式现代化是习近平提出的推动中国经济发展的目标和路径，强调中国特色社会主义现代化道路的独特性和优势。在实现中国式现代化的过程中，习近平经济思想中的"先立后破"的科学方法论起到了重要的指导作用。具体来说，习近平经济思想中的"先立后破"强调了发展中的稳定性和可持续性，避免了盲目改革和冒进的风险，有利于推动中国经济实现平稳、健康、可持续的发展。同时，通过建立适应中国国情的制度和体制，可以为中国式现代化提供坚实的基础和保障。此外，习近平经济思想中的"先立后破"也注重解决发展中的矛盾和问题，推动经济结构的优化和转型升级。通过改革和创新，破除制约发展的各种体制机制障碍，提高经济发展的质量和效益，为实现中国式现代化提供了必要的条件和动力。因此，可以说习近平经济思想中的"先立后破"的科学方法论是推动中国式现代化实现的重要手段和路径。这一科学方法论以其独特的理念和实践，对中国经济发展具有重要的指导意义。

中国式现代化的发展逻辑

申广军　刘梦真[①]

党的二十大报告指出，"从现在起，中国共产党的中心任务就是团结带领全国各族人民全面建成社会主义现代化强国、实现第二个百年奋斗目标，以中国式现代化全面推进中华民族伟大复兴。"中国式现代化，是在我国全面建成小康社会、实现第一个百年奋斗目标之后，全面建设社会主义现代化国家、向第二个百年奋斗目标进军的新发展阶段，是由中国共产党领导的社会主义现代化。中国式现代化理论切合中国实际，体现了社会主义建设规律和人类社会发展规律，是对习近平经济思想的丰富和发展。中国式现代化与西方资本主义现代化有迥然不同的特征，这种差异根植于西方资本主义和中国特色社会主义两者的发展逻辑之中。

一、西方资本主义现代化的发展逻辑

西方资本主义现代化，是为资产阶级服务的现代化，是两极分化的现代化，是物质主义膨胀的现代化，是人与自然相互割裂的现代化，是对外扩张掠夺的现代化，这是由西方资本主义现代化的资本逻辑决定的。

资本作为一种特殊的商品，具有自然属性和社会属性的二重性。马克思在《资本论》中指出："资本不是任何物，而是一定的、社会的、属于一定历史社会形态的生产关系，它体现在一个物品上，给这个物品一种独特的社会性质。"资本的自然属性体现为资本能够在生产过程中聚合各类生产要素、提高生产效率，进而促进社会生产力的发展和物质财富的积累；资本的社会属性体现为资本是

---

① 申广军，经济学博士，中山大学岭南学院教授；刘梦真，中山大学岭南学院硕士研究生。

特定社会关系的物质载体①。资本的二重性决定了资本本身具有独特的行为规律，即资本逻辑。

资本逻辑是劳动过程与价值增殖对立统一的规律，资本逻辑展开为生产社会化和生产资料私人占有的基本矛盾，蕴含着现代社会发展的文明成就与异化形式的双重内涵②。一方面，资本在人类历史发展中具有进步作用。马克思在《资本论》中指出："资本的文明面之一是，它榨取这种剩余劳动的方式和条件，同以前的奴隶制、农奴制等形式相比，都更有利于生产力的发展，有利于社会关系的发展，有利于更高级的新形态的各种要素的创造。"资本推动了生产力的发展，"资产阶级在它的不到一百年的阶级统治中所创造的生产力，比过去一切世代创造的全部生产力还要多，还要大"；"资本不仅创造了资产阶级社会，而且创造出社会成员对自然界和社会联系本身的普遍占有"。在价值增殖驱动下，其一方面不断改进技术、提高劳动生产，另一方面从个人所有制到发展资本主义国家所有制，特别是国有经济、合作经济等经济形式的加强，为更高级的各种要素创造了经济条件③。另一方面，资本主义生产资料私有制是导致劳动异化的根源，马克思从以下四个方面对"异化劳动"加以说明：

第一，劳动产品与劳动者的异化：劳动产品同生产它的劳动者向疏远脱离，反过来成为统治他的社会力量。

第二，劳动与劳动者的异化：对于劳动者来说，劳动是一种强制性的被迫劳动，不是自身生命的表现。

第三，人的存在同自己的类本质相异化：作为人的本质的劳动，反过来成为维持人动物性生存的手段。

第四，人同人的异化：由于人同自己的类本质的异化，人类分化为劳动者和非劳动者。异化劳动导致了人类的两极分化，一极是资本家的奢侈，另一极是工人的赤贫。④

总的来说，西方资本主义现代化以资本逻辑为核心，以资本增殖为动力，以生产资料私有制为主要所有制形式，这就决定了西方资本主义现代化具有天然的剥削性。这种剥削性表现在两个方面：一是对内剥削以无产阶级为代表的一切

---

① 刘九源、段雨晨：《坚持党的领导是规范和引导资本健康发展的根本保证》，《光明日报》2022年8月12日第6版。
② 郗戈：《马克思主义资本批判视域中的中国式现代化道路》，《光明日报》2022年8月12日第11版。
③ 汤俊峰：《〈资本论〉的理论价值和现实意义》，《前线》2023年第2期。
④ 姚顺良：《物质生产与自由活动——〈1857—1858年经济学手稿〉对〈德意志意识形态〉的一个重大发展》，《南京社会科学》2010年第9期。

被统治阶级；二是对外侵略扩张，不断拓展海外市场，掠夺土地、劳动力等资源。[①] 在资本逻辑下，西方资本主义现代化主要是为人口中占比很小的资产阶级服务的，现代化的成果由少数人享有，因此是两极分化的现代化，贫富分化严重，中产阶层塌陷，底层群众生活疾苦。西方资本主义现代化还是物质主义膨胀的现代化，人的独立性是以物的依赖性为基础的，是片面的、形式上的独立，这便造就了单向度的人，严重束缚了人们的精神自由。西方资本主义现代化过程普遍采取"先污染后治理"的模式，造成了对自然资源的极大浪费，因而是人与自然相互割裂的现代化。另外，西方资本主义现代化是对外扩张掠夺的现代化，西方资本主义现代化建立在对内剥削人民、对外侵略扩张的原始积累基础之上，给广大发展中国家的人民带来了深重灾难。

二、中国式现代化的发展逻辑

由于西方国家率先完成现代化，在现代化理论上占据话语权，"现代化"一度成为西方化、西方经验的代名词。经典现代化理论主张现代化等于西方化，人类的现代化进程不过是发展中国家向发达国家看齐的过程，东方向西方过渡的过程。该理论主张现代化模式上的全盘西化，以"西方"为衡量发展中国家发展道路、制度、文化和价值观的唯一指标，但历史和现实表明，全盘西化并没有使第三世界国家取得预期中的成功。例如，拉美国家仍然身处"中等收入陷阱"，撒哈拉沙漠以南的非洲国家的现代化道路更是举步维艰。[②] 虽然西方资本主义现代化道路蕴含着实现现代化的一般要素，可以供后来者学习借鉴，但西方的现代化道路绝非是人类实现现代化的唯一路径。[③]

现代化的潮流不可逆转，但实现现代化的道路可以选择。中国遵循人类社会发展一般规律，总结吸收西方资本主义现代化中的经验教训，结合我国的实际国情，走出了一条具有中国特色的现代化新道路。从发展逻辑来看，中国式现代化让资本逻辑服务于人本逻辑，实现了对资本逻辑的超越。

习近平总书记在党的二十大报告中指出，前进道路上必须牢牢把握五个重大原则，其中第三条就是"坚持以人民为中心的发展思想"，明确提出"维护人民

① 王伟光：《「党建治学」王伟光：中国式现代化是中国特色社会主义的现代化》，长安街读书会，http://www.163.com/dy/article/ITZEILGN05218636.html,2023 年 6 月 12 日。
② 陈曙光：《中国式现代化新道路是人类发展史上的伟大创造》，《光明日报》2021 年 9 月 10 日第 6 版。
③ 许恒兵：《我们搞的现代化是中国式的现代化》，《解放军报》2019 年 3 月 22 日第 7 版。

根本利益，增进民生福祉，不断实现发展为了人民、发展依靠人民、发展成果由
人民共享，让现代化建设成果更多更公平惠及全体人民"。以人民为中心的发展
思想也是中华优秀传统文化的深厚根脉，更是中国共产党百年奋斗的价值追求。
始终坚持以人民为中心的发展思想，决定了中国式现代化从发展逻辑上不同于西
方资本主义现代化。

具体来说，中国式现代化摒弃了西方以资本为中心的现代化、两极分化的现
代化、物质主义膨胀的现代化、对外侵略扩张的现代化老路，坚持以人民为中心
的发展思想，发展为了人民、发展依靠人民、发展成果由人民共享；不断满足人
民日益增长的物质文化需要；尊重自然、顺应自然、保护自然，促进人与自然和
谐共生；坚持走和平发展道路，推动构建人类命运共同体。

需要指出的是，中国式现代化并不完全否认资本作为重要生产要素的积极作
用，而是要依法规范和引导资本健康发展，激发包括非公有资本在内的各类资本
活力，发挥其促进科技进步、繁荣市场经济、便利人民生活、参与国际竞争的积
极作用，使之始终服从和服务于人民和国家利益，为全面建设社会主义现代化国
家、实现中华民族伟大复兴贡献力量。[①]

中国式现代化拓展了发展中国家走向现代化的途径，为人类对更好社会制度
的探索提供了中国方案，深刻影响了人类历史进程，展现了人类社会现代化的光
明前景，创造了人类文明新形态。

三、中国式现代化和西方资本主义现代化的比较

发展逻辑的差异决定了中国式现代化与西方资本主义现代化有迥然不同的特
征。西方资本主义现代化以资本逻辑为核心，以资本增殖为动力，以生产资料私
有制为主要所有制形式，这种发展逻辑决定了西方资本主义现代化是为资产阶级
服务的现代化，是两极分化的现代化，是物质主义膨胀的现代化，是人与自然相
互割裂的现代化，是对外扩张掠夺的现代化。中国式现代化坚持以人民为中心的
发展思想，让资本逻辑服务于人本逻辑，致力于实现人的自由全面发展，这就决
定了中国式现代化是人口规模巨大的现代化，是全体人民共同富裕的现代化，是
物质文明和精神文明相协调的现代化，是人与自然和谐共生的现代化，是走和平
发展道路的现代化。

---

① 习近平在中共中央政治局第三十八次集体学习时强调《依法规范和引导我国资本健康发展　发挥资本
作为重要生产要素的积极作用》，《人民日报》2022 年 5 月 1 日第 1 版。

中国式现代化建立超越西方资本主义现代化的发展逻辑，从根本上说是因为中国式现代化是中国共产党领导的社会主义现代化。党的领导直接关系中国式现代化的根本方向、前途命运、最终成败。习近平总书记在2023年6月出版的《求是》杂志第11期发表的《中国式现代化是中国共产党领导的社会主义现代化》文章中指出，党的领导决定中国式现代化的根本性质，党的领导确保中国式现代化锚定奋斗目标行稳致远，党的领导激发建设中国式现代化的强劲动力，党的领导凝聚建设中国式现代化的磅礴力量。

创新驱动发展

推动新质生产力发展，
优化现代服务业体系

陈希路 [1]

自改革开放以来，我国经历跨越式的经济发展，完成了从一个以农业为主的国家到世界工业制造大国的转变。如今，为进一步推进中国式现代化，党和国家对我国的产业体系建设提出了新的要求。2023 年 12 月召开的中央经济工作会议提出，以科技创新引领现代化产业体系建设是我国当前经济工作的一项重点任务，且新质生产力发展是现代化产业体系建设中的关键一环。

若要更好地发展新质生产力、建设现代化产业体系、推进中国式现代化，就要先全面认识和深入理解我国当前的产业体系。目前，我国正经历着服务业的迅速崛起。根据国家统计局公布的数据，2000~2022 年，我国第二产业和服务业均快速发展，名义增加值的年平均增长率分别达到了 11% 和 13%。由于服务业的增速较快，其增加值占名义 GDP 的份额上升了约 15 个百分点。此外，2000~2022 年，服务业的就业份额上升了约 20 个百分点。服务业的迅速崛起在细分产业之间还存在差异，生活性服务业和生产性服务业的发展趋势并不相同。面对我国建设现代化产业体系的任务，如何准确把握和分析当前服务业的迅速崛起，并针对性地提出优化现代服务业体系和发展新质生产力的政策建议，是一个亟须取得突破的问题。

为全面分析服务业体系的优化和新质生产力的发展，首先，本文剖析了现代化服务业体系的含义及其与新质生产力发展的内在联系。其次，基于新质生产力

---

[1] 陈希路，经济学博士，曾任中山大学岭南学院经济系助理教授。研究领域为宏观经济、中国经济、经济增长。在《经济研究》、*Brookings Papers on Economic Activity*、*Annual Review of Economics* 等期刊发表多篇学术论文。

在数据上的度量与体现，阐述了在服务业体系中新质生产力发展所取得的成就和所面临的"短板"。最后，基于我国国情探讨了可行的政策建议，为我国发展新质生产力、建设现代化产业体系提供更多的参考和支撑。

一、新质生产力发展是优化现代化服务业体系的关键动力

习近平总书记在党的二十大报告中提出，要构建优质高效的服务业新体系，推动现代服务业同先进制造业、现代农业深度融合。这一重要部署不仅指出了现代服务业体系的本质，也为现代服务业体系的优化和发展提供了明确的指引。具体而言，根据国家统计局发布的《现代服务业统计分类》，现代服务业是指伴随信息技术和知识经济的发展而产生，利用现代科学技术和现代管理理念，推动生产性服务业向专业化和价值链高端延伸、推动生活性服务业向高品质和多样化升级、加强公益性与基础性服务业发展所形成的具有高技术含量、高人力资本含量、高附加价值等特征的经济活动。结合服务业内部的产业分类，现代服务业体系的基本框架应当包含两个方面：一是能和先进制造业、现代农业深度融合并向专业化和高端价值链延伸的生产性服务业；二是能不断创新服务模式从而满足人民消费升级需要的生活性服务业。

与2023年中央经济工作会议上提出的以科技创新引领现代化产业体系建设的指导思想一致，依托以上框架优化现代服务业体系的关键动力也在于科技创新和新质生产力发展。发展新质生产力的必要条件在于充分理解新质生产力的含义、内涵和核心。习近平总书记在中共中央政治局第十一次集体学习时强调，新质生产力是创新起主导作用，摆脱传统经济增长方式、生产力发展路径，具有高科技、高效能、高质量特征，符合新发展理念的先进生产力质态。它由技术革命性突破、生产要素创新性配置、产业深度转型升级而催生，以劳动者、劳动资料、劳动对象及其优化组合的跃升为基本内涵，以全要素生产率大幅提升为核心标志。这表明，现代服务业体系的优化必须基于科技创新的引领作用，从培养新型劳动者、创造新型劳动资料、发展新型劳动对象着手，从而实现生产要素的高效整合和质量提升。

围绕其内涵与核心，新质生产力在现代服务业体系的外延和应用两个方面也将有所差别。生产性服务业应依靠技术创新，持续发展和引入新技术、新理念、新模式，推动研发设计、商业咨询、知识产权、物流、法律和金融等专业化服务领域的进步，促进现代服务业和先进制造业、现代农业的深度融合。例如，生产

性服务业既可以使用云计算技术使企业更好地进行远程办公和协作，又可以应用区块链技术改善供应链管理的透明度和安全性，还可以运用人工智能技术优化生产计划和管理流程。生活性服务业应密切关注居民持续升级的消费偏好，加快在新型餐饮、医疗保健、养老服务、物业管理、文化旅游、体育活动等新型服务领域的创新发展，以满足人们对更高品质生活的追求。例如，生活性服务业既可以应用大数据技术帮助电商平台和在线视频平台更好地满足用户需求，又可以利用互联网促进在线医疗服务的发展，还可以运用区块链技术确保金融交易和个人数据的安全性。

二、服务业体系中新质生产力发展的成就与短板

根据新质生产力的基本内涵和核心标志，新质生产力发展在数据上将表现为更多的人力资本积累和更高的全要素生产率增长率。在党和国家的持续支持和推动下，服务业体系中的新质生产力有积极的发展态势，其人力资本水平和全要素生产率也取得了显著增长。

（一）服务业体系中新质生产力发展的成就

1. 服务业呈现高人力资本密集度的特征，生产性服务业还有迅速积累人力资本的趋势

人力资本积累的一个重要方面是劳动力受教育水平的提高。近年来，我国劳动力的受教育水平得到了显著的提升。例如，我国高等教育毛入学率在 1995 年仅为 7%，在 2005 年为 21%，在 2022 年则上升至 60%，逐渐接近经济合作与发展组织（OECD）成员国在 2020 年的平均水平（76%）。然而，劳动力受教育水平在各产业之间仍存在较大差异。因此，本文基于人口普查、全国 1% 人口抽样调查和《中国劳动统计年鉴》中公布的全国劳动力月度调查数据，构建了两个指标，即劳动力平均受教育年限和受过高等教育的劳动力比例，以分析不同产业的劳动力受教育水平。

横向对比的结果表明，相较于第一产业和第二产业，服务业的人力资本密集度更高。具体而言，结合 2020 年全国人口普查和劳动力月度调查数据，可知服务业的劳动力平均受教育年限为 11.8 年，而第一产业和第二产业分别为 7.4 年和 10.1 年。另外，超过 30% 的服务业劳动力接受过高等教育，远高于第一产业和第二产业的 1% 和 16%。在服务业中，公共服务业的劳动力平均受教育年限为

13.8 年，较生产性服务业、生活性服务业分别多 1.4 年、2.8 年。

纵向对比的结果显示，生产性服务业的劳动力受教育水平增长速度最快，超过了第二产业、生活性服务业和公共服务业。具体而言，根据全国 1% 人口抽样调查数据，生产性服务业的劳动力平均受教育年限从 2005 年的 10.7 年增长到 2015 年的 11.9 年。若结合人口普查、全国 1% 人口抽样调查数据及《中国劳动统计年鉴》中公布的劳动力月度调查数据，可推算出生产性服务业在 2020 年的劳动力平均受教育年限比 2015 年高约 0.5 年，且其增速依然超过了其他非农产业。

服务业的高人力资本密集度和生产性服务业迅速的人力资本积累是我国服务业崛起过程中的两个显著特征。虽然服务业拥有比其他产业更高的人力资本密集度，但服务业（尤其是生产性服务业）在过去近 20 年里也经历了快速的人力资本积累，成为受教育水平较高劳动力的主要就业方向。服务业迅速的人力资本积累不仅为打造新型劳动者队伍打下了良好的基础，也为新质生产力发展提供了重要的推动力。

2. 生产性服务业和生活性服务业均拥有较第二产业更高的全要素生产率增长率

除人力资本的积累外，新质生产力发展还要求全要素生产率有所提高。通过增长核算的方法，本文推算了各产业全要素生产率的增长率。准确来说，全要素生产率增长率等于名义劳动生产率增长率减去价格水平增长率和要素投入增长率。其中，要素投入增长率是资本劳动比增长率和人力资本增长率的加权平均。

从数据来看，服务业的名义劳动生产率增长速度超过了第二产业，一个重要原因是服务业的相对价格增长得更快。然而，除价格增速的差异外，各产业的要素投入差异也不容忽视。虽然服务业的资本深化比第二产业慢，但这在一定程度上为服务业更快的人力资本积累所抵消。最终，根据全要素生产率的定义计算可得，生产性服务业和生活性服务业的全要素生产率增长率均快于第二产业。具体而言，2005~2020 年，生产性服务业的全要素生产率的年均增长率为 2.9%，生活性服务业为 4.0%，第二产业则为 2.3%。

我国服务业快速的人力资本积累和较高的全要素生产率增长率也打消了宏观经济学的传统观点对于服务业崛起的顾虑。传统观点认为，工业部门的生产率增长是经济发展的根本驱动力，而服务业的崛起仅是收入效应和与工业部门的技术进步的附带结果。然而，本文对我国人力资本积累和全要素生产率的分析表明，服务业体系下的新质生产力得到了长足的发展，服务业崛起也并非经济发展过程中的副产品，而是我国经济增长中日益重要的驱动力。

以上数据虽然说明服务业体系中的新质生产力发展已取得了显著的成就，但同时也暴露了发展过程中的一些局限和短板。具体而言，这些局限和短板涉及服务业创新研发投入和产出有待提升、生产性服务业和生活性服务业高素质人才相对短缺、生活性服务业人力资本积累速度相对缓慢等方面，它们限制了新质生产力在服务业体系中的全面发展，阻碍了服务业体系的进一步优化。

（二）服务业体系中新质生产力发展的短板

1. 我国服务业在创新研发的投入和产出方面还存在进一步的提升空间

尽管服务业全要素生产率增长较为显著，但我国服务业在创新研发的投入和产出方面仍存在进一步的提升空间。根据《企业研发活动情况统计年鉴2022》，全国全部规模以上企业拥有的有效发明专利约为259万件，其中第二产业的企业拥有的有效发明专利约为204万件，占比约为79%；全部规模以上企业因研究开发费用加计扣除减免的税收总额为3979亿元，其中第二产业的企业减免税额3130亿元，占比约为79%。这意味着，占国内生产总值比重已高于50%的服务业的有效发明专利和创新减免税额的占比仅为21%，因此服务业在研发方面仍有较大潜力待发掘。

2. 生产性服务业和生活性服务业的高素质人才相对短缺，且生活性服务业人力资本积累速度相对较慢

近年来，虽然生产性服务业劳动力的受教育水平有了较大提升，但是和公共服务业相比，生产性服务业和生活性服务业的高素质人才仍然不足，生活性服务业的发展也相对缓慢。2015年，生活性服务业劳动力的平均受教育年限仅为10.7年，2020年该指标仅上升了0.1年。因此，对服务业——尤其是生活性服务业——新型劳动者队伍的打造，仍存在较大的潜在需求，打造新型劳动者队伍也应成为服务业体系中新质生产力发展的重点之一。

三、进一步发展新质生产力、优化我国服务业体系的对策建议

基于以上服务业体系中新质生产力发展的局限和短板，当前对新质生产力发展和服务业体系的优化还应有新的侧重，以便更好地服务于现代化产业体系的建设和中国式现代化的推进。因此，为进一步推动新质生产力发展，优化现代服务业体系，本文提出以下强调创新驱动和人才培养的具体举措：

（一）加强服务业创新研发投入，深化服务业与前沿技术融合

科技创新是发展新质生产力、推动产业创新、引领现代化产业体系建设的核心驱动力。近年来，我国针对如电子机械、计算机、塑料化工等工业行业的创新已有了极大飞跃。与之类似，若要优化现代服务业体系，实现服务业的高质量发展，关键在于加强服务业的创新研发投入，深化服务业与前沿技术的融合。

对于生产性服务业而言，聚焦提高制造业和生产性服务业的创新力已是"十四五"规划中提出的重要目标。建议支持智能制造系统解决方案、流程再造等新型专业化服务机构的发展，鼓励采用先进技术和管理模式、具备核心技术和创新能力的生产性服务业企业申请政府科技项目与资源，深化生产性服务业与先进制造业、现代农业的融合，提高全产业链的协同效应和整体竞争力。

对于生活性服务业而言，在居民收入增长引致的对服务业新需求（如零售和医疗服务）增加的背景下，鼓励生活性服务业企业的创新、促进生活性服务业与前沿技术的融合，将是生活性服务业进一步提高全要素生产率、发展新质生产力的强大动力。建议加强应用生活性服务业的数字化技术，建设健全生活性服务业交流合作平台，推广智能化设备和系统，以提升服务业务的便利性和个性化程度。

（二）加大服务业人才培养力度，打造新型劳动者队伍

新型劳动者队伍是创造新质生产力、掌握新质生产资料、优化现代服务业体系的重要保障。对于生产性服务业而言，新型劳动者培养的侧重点应放在创新思维的培养，以及与前沿技术的衔接上。一方面，建议企业和研究机构建立紧密合作关系，深化产学研一体化的人才培养模式，加强对先进技术和管理方法的培养；另一方面，建议扩大生产性服务业开放，针对生产性服务企业人才引进提供政策支持，吸引和培育具有国际视野和竞争力的生产性服务业人才，增强我国生产性服务业在全球市场的影响力和竞争力。

对于生活性服务业而言，培养同时具备专业思维和实践能力的高素质人才以满足消费者不同层次的消费需求，是其打造新型劳动者队伍的基本方向。一方面，建议推动职业技能培训发展，开展多样化的职业资格认证，提供多层次的人才培养机制，以提高劳动力专业素养和服务水平；另一方面，建议根据实际消费需求，调整优化服务流程，健全服务质量标准体系，使人才培养更贴合行业发展和实际需求。

以人口高质量发展
推动经济高质量发展

郭凯明 [1]

中国式现代化是人口规模巨大的现代化。党的二十大报告指出，"我国十四亿多人口整体迈进现代化社会，规模超过现有发达国家人口的总和，艰巨性和复杂性前所未有，发展途径和推进方式也必然具有自己的特点"，提出要"优化人口发展战略，建立生育支持政策体系，降低生育、养育、教育成本"。二十届中央财经委员会第一次会议强调："当前我国人口发展呈现少子化、老龄化、区域人口增减分化的趋势性特征，必须全面认识、正确看待我国人口发展新形势。要着眼强国建设、民族复兴的战略安排，完善新时代人口发展战略，认识、适应、引领人口发展新常态，着力提高人口整体素质，努力保持适度生育水平和人口规模，加快塑造素质优良、总量充裕、结构优化、分布合理的现代化人力资源，以人口高质量发展支撑中国式现代化。"

中国育龄妇女总和生育率在 20 世纪 90 年代中期降低到 2.1 的世代更替水平，在 1.5 左右的低生育水平维持超过 20 年，2020 年中国育龄妇女总和生育率仅为 1.3。低生育率加上不断提高的预期寿命，使中国经历了全球最快的人口转变。在 20 世纪 60 年代，中国生育率维持在 6.0 左右，是全球生育率最高的国家之一。尽管 20 世纪 70 年代实行了"晚、稀、少"的计划生育政策，但多数年份生育率都超过了 3.0。这一时期形成的"婴儿潮"在 20 世纪八九十年代逐渐进入劳动力市场，使劳动年龄人口比重由 1982 年的 61.5% 上升到了 2000 年的 70.1%。这为

① 郭凯明，经济学博士，中山大学岭南学院教授、博士生导师，研究领域集中在宏观经济学、发展经济学与中国经济，先后主持国家级纵向课题七项，在国内外核心期刊发表论文近七十篇，合著出版《宏观经济结构转型》《宏观经济学与中国政策》。

改革开放后中国经济增长提供了动力，形成了人口红利。但从 2020 年开始，这代人将陆续达到法定退休年龄，全球最大规模的退休高峰即将到来。2020 年，中国 65 岁及以上人口比重达到了 13.50%，与 2010 年相比，该比重上升 4.6 个百分点。基于当前人口年龄结构，未来中国老龄化率平均每 10 年就会上升 5 个百分点以上，老龄化将会加速，预计到 2050 年之前就会超过 25%。中国"90 后""00 后"出生于生育率低谷时期，这代人口数量仅为 20 世纪六七十年代"婴儿潮"人口数量的 80.4%。自 2010 年起，这代人逐渐进入劳动力市场，而正是在 2010 年中国劳动年龄人口比重开始下降，到 2013 年劳动年龄人口数量也开始下降。当前，中国劳动力总量也开始下降，据估计未来 30 年将会减少 1.5 亿人以上。并且，作为当前和今后一段时期的适龄生育主体，这代人不仅总量较少，而且结婚率更低、离婚率更高，这也在很大程度上压缩了生育率的回升空间。尽管 2013 年的"单独二孩"和 2015 年的"全面二孩"政策使 2014 年、2016 年和 2017 年新出生人口数量均有所回升，但自 2018 年起新出生人口数量逐年下降，当前已经处于新中国成立以来的最低水平，且很可能会长期稳定在每年 1000 万人以下水平。在此背景下，人口总量已经自 2022 年起由升转降，人口负增长已成为中国人口和经济发展面临的基本背景。

传统经济学关于人口转变的主流解释认为，家庭对教育与人力资本的重视和女性经济社会地位的上升共同提高了生育和养育成本，促使家庭用孩子质量替代孩子数量。新产业和新技术一方面扩大了对高技能劳动力和高技术人才的相对需求，促使家庭更加重视积累子女人力资本；另一方面扩大了脑力劳动相对体力劳动的相对收入，缩小了性别工资差距，提升了生育的机会成本。最近 10 年的一系列研究指出，在中国，经济结构转型对中华传统文化的冲击加强了这些经济力量，使人口转变更加急剧。

第一，中华传统文化历来重视教育，但伴随中国快速的产业结构转型，健康、教育、文化等服务成本相较于家庭收入上升更快，家庭培养好每个子女的负担越来越重，使重视教育的中国家庭将有限资源集中在培养好单个子女，而不是生育更多小孩。与此同时，收入差距扩大和教育服务不均等又加剧了这一影响，家庭寄希望于通过教育推动子女进入收入"金字塔"顶端，而为了追逐有限的优质教育资源，中低收入家庭必须投入相对收入更大比例的教育成本，特别是对同时承担着较高的居住和医疗成本的家庭更加明显。

第二，中国传统家庭重视家族繁衍与延续，为此形成了代际间相互支持的家庭制度安排，如父母普遍具有养儿防老生育动机，老人也会帮助年轻子女隔代抚养孙辈。这种传统文化既提高了年轻人的生育偏好，又降低了年轻人的生育成本，优化了家庭内部资源配置。特别是在年轻人时间机会成本快速上升时，如果没有老人帮助隔代抚养，年轻人将很难有时间养育多个子女。然而，社会保障特别是退休政策建立了代际间相互支持的社会制度安排，都可能削弱传统文化的影响，变相提高了家庭生育成本。

第三，中国传统家庭存在明显的性别偏好，改革开放以后中国农村土地制度改革又加强了这种偏好，使原本重视家族繁衍的家庭更加激励生育。但是，随着"女性能顶半边天"的性别平等观念深入人心，加上性别生产率无差异的脑力劳动在生产活动中更加重要，中国女性的经济社会地位快速提高。这不仅削弱了家庭性别偏好，而且降低了企业性别歧视，使性别收入差距持续缩小。由于女性在生育教育子女中付出了更多时间，女性相对男性收入提高抬升了生育时间成本，特别是考虑到女性职业发展，机会成本可能会更高。

虽然人口转变可能催生一些结构性的市场机会，人口质量提高和新一轮技术革命也可以部分对冲负面影响，但是急剧的转型过程无疑给中国经济稳定增长和社会保障资金平衡带来了巨大压力。中国应尽快从计划生育全面转向促进生育，以家庭为中心系统科学地设计政策，以人口高质量发展推动经济高质量发展。

其一，大幅降低家庭生育成本，缩小生育成本性别差距。一是更大幅度地提高企业男性最低产假时长，为提高产假时长和女性哺乳假时长的企业特别是中小微企业提供财政补贴，并免征其个人所得税和社会保障费。二是尽快开展育儿假试点，为未达入园年龄幼儿的父母每年额外提供育儿假，并向男性适当倾斜，成本则主要由地方财政支持。三是充分保障女性职业发展和就业合法权益，加大监管力度降低企业招聘中的性别歧视，为因生育中断就业的女性提供专项失业补贴和再就业培训。

其二，设立专项财政资金降低家庭养育成本。一是加快建设一批托育服务机构，进一步提高普惠性幼儿园覆盖率，大幅延长幼儿在园时长，以财政补贴的形式鼓励幼儿园根据实际情况招收 3 岁以下幼儿。二是以公益普惠为原则开展小学校内托管服务，推动小学放学时间与父母下班时间衔接，鼓励有条件的小学设立校内托管应急服务，为临时需要托管的学生提供服务。三是鼓励地方根据各地实际情况为家庭定期提供与子女数量挂钩的定向消费券，用于购买婴幼儿养育和小学教育相关的消费产品和服务。

其三，大力发展教育和托育服务业，加大民生基础设施投资。一是持续提高幼儿园和义务教育阶段学校教师薪酬待遇，缩小不同地区和不同学校的教师薪酬待遇的差距，为师范类大中专院校毕业生提供就业指导和就业服务。二是大力发展家政服务业和托育服务业，降低其从业人员的社会保障费和个人所得税，并为相关机构提供水电气费、房租等支持。三是重点支持农村地区基础设施投资、城镇地区保障性住房和租赁住房建设、城乡基本公共服务投入，降低人口在城乡、区域之间的流动壁垒，增加要素流入地区的建设用地供给，形成土地和劳动的全国统一大市场，有效推动公共服务均等化。

其四，缩小收入差距促进共同富裕，弘扬中华优秀传统文化。一是推进收入分配制度改革，探索设立乡村振兴与共同富裕基金，其中专项用于大幅减免甚至免除多子女家庭的社会保障费和个人所得税，把教育、住房、退休和社保政策向多子女家庭大幅倾斜。二是发扬中华优秀文化，加强传统家庭观念，支持隔代照料、家庭互助等照护模式，为异地提供隔代照料和家庭互助的流动老人提供额外医疗卫生服务补贴。三是发挥舆论宣传力量弘扬生育文化，把计划生育政策相关的资源和人力全面转向促进生育。

如何实施创新驱动发展战略：
"有为政府 + 有效市场"的分析框架

林　江 ①

目前，我国社会主义事业正经历从要素驱动向创新驱动转换的关键期，更好地贯彻落地创新驱动发展战略需要构建新形势下的高水平治理体系，必须坚持以习近平经济思想为统领，切实处理好政府与市场的关系，充分发挥市场在资源配置中的决定性作用，更好发挥政府作用，切实解决阻碍创新驱动发展的体制机制矛盾，降低创新驱动发展的制度性交易成本，优化创新驱动发展的营商环境。

一、创新驱动的"有为政府"治理路径

一是健全新型举国体制。习近平总书记强调，"在推进科技体制改革的过程中，我们要注意一个问题，就是我国社会主义制度能够集中力量办大事是我们成就事业的重要法宝。……要让市场在资源配置中起决定性作用，同时要更好发挥政府作用，加强统筹协调，大力开展协同创新，集中力量办大事，抓重大、抓尖端、抓基本，形成推进自主创新的强大合力。"② 要坚持和加强党对科技工作的全面领导，发挥党的领导的政治优势，确保科技工作在政治立场、政治方向、政治原则政治道路上同党中央保持高度一致，确保科技工作始终沿着正确的方向发展。同时，要积极探索新型举国体制，强化创新资源统筹协调，优化创新资源布局，对于支撑国家战略需求的任务，由国家战略科技力量牵头实施，统筹安排，

---

① 林江，经济学博士，中山大学岭南学院教授。
② 习近平：《在中国科学院第十七次院士大会、中国工程院第十二次院士大会上的讲话》，人民出版社2014年版，第16-17页。

创新科技创新领域组织方式和攻关机制，更好发挥政府和企业两个方面的积极性，发挥政府宏观管理的作用，全面布局、重点突破、非对称发展，坚持有所为有所不为，加快形成有利于建设中国特色社会主义科技强国的新体制。

二是深化科技体制改革。习近平总书记在中国科学院考察工作时强调，"要深化科技体制改革，坚决扫除阻碍科技创新能力提高的体制障碍，有力打通科技和经济转移转化的通道，优化科技政策供给，完善科技评价体系，营造良好创新环境。"[①]必须深化科技创新体制机制改革，为创新发展清除体制障碍，在制度创新、文化创新等方面有所突破，形成支撑全面创新的制度基础，为创新发展提供有效制度保障。党的二十大报告指出，深化科技体制改革，深化科技评价改革，加大多元化科技投入，加强知识产权法治保障，形成支持创新的基础制度。为形成激励创新发展的有效保障，必须建立健全保护创新的制度体系，加大保护知识产权力度，完善知识产权保护制度；完善财政金融激励机制，推进科技奖励改革，强化国家奖励配套扶持，探索多种形式的财政金融支持科技创新路径和政策；完善科技创新评价和评估机制，从重视数量向重视质量转型，持续出台破除"四唯"的有效措施，降低科技创新的"功利化"色彩，支持科研人员全身心投入科研，进一步完善分类评价指标体系；完善科技项目组织机制，建立协同创新制度，打破创新主体之间的壁垒，深入推进"五链"融合。

三是培育科技创新文化。推动建设科技创新强国，除了需要支撑全面创新的制度体系，还需要培育良好的创新环境，营造开放包容的文化创新氛围。习近平总书记指出，"要在全社会积极营造鼓励大胆创新、勇于创新、包容创新的良好氛围，既要重视成功，更要宽容失败，完善好人才评价指挥棒作用，为人才发挥作用、施展才华提供更加广阔的天地。"[②]要在全社会营造崇尚科学、追求卓越、尊重人才的社会氛围，在全社会形成创新的良好风尚，必须开展创新文化建设。推动科技与文化融合，加强科学普及工作，树立良好的科研作风，全面树立良好的学风作风，大力弘扬勇攀高峰、敢于担当、严谨治学、乐于奉献的科学家精神和工匠精神。营造良好的科研环境，要坚持尊重劳动、尊重知识、尊重人才、尊重创造，提倡鼓励竞争、敢冒风险、宽容失败的创新精神，弘扬淡泊名利、追求卓越的科学献身精神；要加强科研诚信建设和科技伦理建设，推动科研人员坚守诚信底线、遵守科技伦理规范，鼓励科研机构建立科研诚信审查机制；建设高水

① 中共中央文献研究室编：《习近平关于科技创新论述摘编》，中央文献出版社2016年版，第56页、第118页。
② 赵梓斌、韩文鋈、付明丽：《习近平为何一直重视创新思维》，《人民日报》2019年1月29日。

平科技期刊，举办高水平科技论坛，吸引全球高端资源齐聚中国，推动科技强国高质量发展。

四是持续推进科技创新领域制度型开放。改革开放的伟大实践证明，关起门来搞建设是行不通的，是发展不起来的。科技创新也是如此。习近平总书记指出，"自主创新是我们攀登世界科技高峰的必由之路……当然自主创新不是闭门造车，不是单打独斗，不是排斥学习先进，不是把自己封闭于世界之外。我们要更加积极地开展国际科技交流合作，用好国际国内两种科技资源。"[①] 我们要实施更加开放包容的国际科技合作战略，加强国际科技交流合作，拓展与创新型国家交流合作空间，加强面向"一带一路"的开放创新合作，深化与国际科技组织合作，聚焦全世界共同关注的重大问题加强各国联合科研，主动牵头国际大科学工程，主动承担职责，加强国际化科研环境建设，提高对于外籍科学家和外国优秀人才的吸引力，从而形成具有全球竞争力的开放创新生态，以此在新的更高的起点上推进自主创新，进一步推进科技创新强国建设。

二、创新驱动的"有效市场"配置机制

一是坚持社会主义市场经济改革方向。党的二十大明确作出了构建高水平社会主义市场经济体制的战略部署。高质量实施创新驱动发展战略，需要坚持以习近平经济思想为引领，持续深化对社会主义市场经济"建设规律、分配规律、流通规律与开放规律"的认知，不断强化市场支撑创新驱动发展的顶层设计，充分发挥市场经济机制在科技创新、人才培养、科技要素流动过程中的积极作用。把社会主义制度优越性同科技创新一般规律有机结合，全节点、全链条服务创新过程，不断降低科技创新与战略实施过程中的制度性交易成本，坚持社会主义市场经济改革方向能够稳定创新驱动的市场预期，让创新过程更好地借力市场机制以得到高效率的推进，培育"市场＋创新"的社会文化及企业发展文化，提升社会面开展科技创新的积极性、主动性。

二是充分释放企业主体科技创新活力。企业是中国特色社会主义市场经济的创新主体，是推动建设现代化经济体系的基本细胞和生力军。构建高水平的"有效市场"机制，旨在充分释放企业主体的科技创新活力，围绕创新驱动发展打通市场配置科技资源的制度堵点和交易难点。重点围绕新时代企业家精神的培育谋

---

① 中共中央文献研究室编：《习近平关于科技创新论述摘编》，中央文献出版社 2016 年版，第 46 页。

篇布局，引导广大企业家扎根中国社会经济发展实际，自觉将国家创新驱动发展战略与企业发展目标、发展方式结合起来。建设便利化、高效率的科技资源要素交易市场，依托联合研发与技术产业化联盟平台，降低科技创新过程中的信息不对称成本和市场"搜寻"成本。强化企业数字化、信息化转型能力，搭建企业与政府政策系统沟通平台，全维度精准地提升政策落地效率，增强企业科技创新的战略自豪感与政府政策的实际获得感。

三是健全资本服务创新驱动发展的体制机制。创新驱动发展离不开各类型资本的深度参与，要针对创新驱动的"研发链、产品链、价值链"开展资本嵌入研究。社会主义市场经济不应该成为资本无序扩张的获利场，要引导各类资本合理、有序地参与国家建设，服务好国家创新驱动战略。国有资本要发挥主导和社会示范作用，主动承载国家高水平、基础性重大科技创新工作；要积极解放思想，构建与民营企业，尤其是中小微企业深度互动、联合研发、借力研发的科技创新共生体。民营资本要主动提升服务创新驱动的政治意识，特别是嵌入前期研发阶段的社会风险投资资本，要提升资本的市场周期"耐受性"，牢固树立大局意识、战略意识和普惠意识，把推动创新驱动发展作为资本投资回报评估的核心位置，更加主动地联动国有资本"为国创新、顺势而为"。

三、结论

对创新驱动发展的理论化、机制化阐释是坚持习近平经济思想分析方法的关键议题，创新驱动与高质量发展是内在统一的，要求全面部署新技术和新质生产力，高效提升创新驱动发展要实现"有为政府"与"有效市场"的紧密结合，既强调创新驱动的国家战略，又凸显推进创新的市场化、微观化机制。新形势下实施创新驱动发展战略还需要重点围绕科技创新体制机制改革、社会资本参与全链条科技创新，以及保持对境外科技合作与贸易的稳定性。

参考文献

［1］习近平：《在中国科学院第十七次院士大会、中国工程院第十二次院士大会上的讲话》，人民出版社 2014 年版。

［2］中共中央文献研究室编：《习近平关于科技创新论述摘编》，中央文献出版社 2016 年版。

［3］红花:《数字普惠金融对信息技术行业中小企业创新驱动的影响》,《中国流通经济》2023 年第 12 期。

［4］沙学康、朱开笛:《区位导向型政策与创新驱动的制造强国战略》,《经济科学》2023 年第 5 期。

［5］戚建刚、张少乎:《创新驱动发展与知识产权法制建设新思路》,《吉首大学学报》(社会科学版) 2023 年第 6 期。

［6］贾品荣:《创新驱动高精尖产业研究》,《经济研究参考》2023 年第 9 期。

［7］李晓娣、饶美仙、原媛:《数智情境下如何提升区域创新生态系统能级? 》,《科学学研究》2024 年第 9 期。

在深化改革开放中
加快发展新质生产力

卢 荻 ①

一、发展新质生产力的意义

2024 年 1 月 31 日，习近平总书记在主持中共中央政治局第十一次集体学习时指出，"发展新质生产力，必须进一步全面深化改革，形成与之相适应的新型生产关系。"新质生产力所指向的是世界范围的新一次技术革命、产业革命。2023 年 12 月召开的中央经济工作会议对此有明确界定："要以科技创新推动产业创新，特别是以颠覆性技术和前沿技术催生新产业、新模式、新动能。"

正因为所涉及的是颠覆性技术和前沿技术，发展新质生产力需要巨量的资源投入，同时还面临巨大的风险和不确定性，这就构成了系统性挑战。2023 年 12 月召开的经济工作会议提及"完善新型举国体制"作为应对挑战的重要凭借，实际上，因为所指向的技术创新和产业发展需要"自立自强、自主可控"，需要动员国家、企业、科研机构的协同力量，这就依赖于更根本的经济结构和制度的变革。

在存在巨大的风险和不确定性的情况下，还要举国竭尽力量推动其发展，这是形势使然，不得如此。一方面，因为面临部分发达资本主义国家的封锁和打压，不仅难以通过从国外引进推动技术发展，就连产业和经济安全也受到威胁；另一方面，所涉及的技术的前沿性和颠覆性，意味着中国与发达资本主义国家都

---

① 卢荻，博士，中山大学岭南学院教授、政治经济学研究中心主任。1994~2023 年任职伦敦大学亚非学院经济系，并于 2005~2023 年兼职中国人民大学经济学院特聘教授。专注于中国与世界发展的政治经济学研究，在中英文学术期刊发表论文多篇。

站在新技术革命的起跑线上，双方虽有差距但不存在代差，进而又意味着有"弯道超车"的可能性和机遇。

近 10 年来，中国的经济增长速度趋于下降，一个重要原因是之前的技术进步和生产率提升的潜力正在衰减。也就是说，之前 30 多年的高速经济增长，主要是依靠消化、改良从发达国家引进的技术。这是一个全球罕有的成功范例，可也正是之前的成功使今日的技术进步难以持续，因为中国工业的技术水平已经趋近世界前沿或触及发达国家的封锁线。这就显现出发展新质生产力的迫切性，需要国内自主创新以弥补技术引进空间的萎缩，唯此才能维持社会所需的经济增长速度。

二、新技术和产业革命的经济特性

新质生产力的形成和发展，可以说是一个过渡历程的完成阶段，即从主导20 世纪世界工业的"钢铁加电力"技术范式过渡到"信息化、智能化"技术范式。

"钢铁加电力"范式的特性，是以专用机器设备和标准化元器件为基础的大规模生产，由此再追求愈加精密的生产工艺和流程。这个技术范式是 20 世纪世界经济生产率进步的源泉，尤其是与"二战"后资本主义"黄金年代"相联系，直至 20 世纪 70 年代中期才呈现动能消减的趋势。自那时起，以半导体和计算机快速革新为表征的微电子技术，渐渐呈现出作为经济发展新动能的潜质。

新一次技术和产业革命的基础，是微电子技术和大数据分析，前者是精密生产和快速传输的深化，后者则是以互联网为联结的信息采集、处理和智能仿真。微电子技术在经济各领域的广泛渗透，起始是深化精密生产，进而是推动灵活生产，即大规模生产从此前的单一产品走向多样化产品。生产设备的革新，从计算机数控机床到弹性制造系统，以及计算机辅助设计和计算机辅助制造的广泛应用，正是微电子技术改造、提升各个经济领域的生产工艺和流程的体现。

互联网的普及和大数据分析的发展，将微电子技术的广泛应用推至极致，且延伸至精准协调供给结构与市场需求/社会需要结构、管理超大规模的复杂物流、降低从微观到整体经济的交易成本等。其在最大限度上发挥了相关的经济各领域的规模效益和范围效益，并构成了技术进步和生产率提升的推动力。

三、深化改革，构建新型生产关系

技术革命的要义在于"集束型"创新，即一系列相关产业同步经历激烈的技术变革，这些变革都是不可或缺的，而且彼此间相互支持、促进。因此，新质生产力所涉及的资源配置，包括金融部门的投资支持、企业的战略决策和组织安排、管理者和劳动者团队的技能积累等，对于实际运作的经济制度是一个严苛的考验。

理论上，在纯粹的市场经济中，即在以个人化产权原则为依归的条件下，资本具有内在的追求短期利润最大化的倾向。唯有在体现社会要求制度的束缚下，资本才会具有追求长远发展的倾向，才有可能趋向技术革命的需要。现实中，在新自由主义全球化年代，主导世界经济的恰恰是个人化产权原则至上的制度安排，资本行为趋于短期化和寄生化，最终表现为投机活动挤压生产性活动、掠夺生产性部门的资源、阻碍技术革命和生产力发展。

新质生产力的技术特性是规模效益和范围效益成为主导，势必推动资本的积聚和集中，形成垄断，凸显出经济学文献中著名的"熊彼特—阿罗对立论题"的意义。熊彼特论题着眼于能力考虑，强调垄断有利于防范市场风险，从而往往是资本倾向长期发展、推动技术创新的必要条件；而阿罗论题着眼于诱因考虑，强调垄断企业会倾向守护已有的市场权力、攫取已有的垄断租金，从而往往不愿意投资于技术创新。这两个对立论题孰是孰非，又或两者能否整合起来？这些都不是在理论层面上能够解答的，而是现实之问，关乎在现实中如何塑造、调节市场经济的问题。

同样的道理也适用国家调节的角色和作用。就介入与新质生产力相关的直接经济活动而言，国家调节既有相对优势也有相对劣势。优势表现在基础科技研发和基础设施的投资不具有直接的短期利润回报，却是技术革命的必需。劣势表现在国家毕竟与直接经济活动存在距离，不是边干边学、边用边学等分散化学习效应的主体，而这些学习效应是微电子和大数据的技术革命的直接推动力。因此，如何合理界定国家介入的边界和形式，同样需要通过现实中的实践探索。

与此同时，国家不仅是经济主体，而且是代表社会去塑造经济环境、监管经济活动的主体。在推动新质生产力形成的过程中，塑造和监管的使命，就是要在垄断难以避免的情况下使相关企业尽量发挥垄断的能力优势、避免垄断的诱因劣势，这也是有待实践探索的。而推动新质生产力形成也只是国家导向的一个组成部分，还有超乎经济考虑的社会发展、国家安全等，这对国家调节的要求就更加严格了。

四、提高开放水平，创建竞争优势

发展经济学中有所谓"雁行模式"与"蛙跳模式"的区别，关乎一个经济体如何决定自身在国际专业分工中的位置。简言之，就是要跟随前行者还是试图超越前行者。这个框架也可以用来理解中国发展新质生产力进程中的国际化问题。

发展新质生产力所指向的是世界范围的前沿科技、产业，因此，发展的基础不可能局限于国内，必须与世界范围的演化紧密相连。中国的产业部门在近 10 年来历经技术大跃进，是在美国之后全球仅有的全面追踪前沿技术的经济体，总体而言，与美国仍然有不小差距，在单项技术或单个产业上也有不少地方落后于日本、德国、荷兰等传统科技强国。因此，即使在面临封锁和打压的不利环境中，中国的新兴产业、企业也必须尽量参与国际竞争，进入发达国家的市场，在仍然能够争取到的空间中尽量获得技术引进或借鉴的机会，这些都是必不可免的。

同样的道理也适用中国的相关产业、企业走向发展中国家。已有的主导世界的福特主义技术范式，以专用机器设备和标准化元器件为基础，将生产链的不同环节分布于全球不同地方，有利于规模效益；其缺点是产品和工艺流程单一，不利于建立在边干边学、边用边学基础上的范围效益，更不适应不同国家和社会的多样化需求 / 需要。而与新质生产力相联系的微电子、互联网、大数据分析等技术的发展，其效率特性是规模效益和范围效益的结合，正好在吸收福特主义优点的同时克服其缺点。"一带一路"倡议、"走出去"等的实践，使中国的企业和产业能够获得多样化的生产条件和需求 / 需要的信息、知识，这有利于增强它们的国际竞争力，促进新质生产力发展。

在全国新质生产力的未来发展中，粤港澳大湾区很有可能扮演关键角色，做出重大贡献，同时推动自身的转型和发展。这个地区具有在全球范围内举足轻重的产业、科技、资金、人才优势，又直接参与世界市场的竞争，紧贴前沿科技和产业的最新发展，具有信息和知识优势，也具有创新和发展的必要动力，因此，发展新质生产力应该是合理的方向。

发展战略性新兴产业，
推进新质生产力发展

肖可舟[①]

一、引言

21 世纪的今天，中国经济正处于转型升级的关键时期。面对全球经济格局的深刻变化和科技革命的快速推进，培育和发展新质生产力成为推动经济高质量发展的核心。我国已进入高质量发展阶段，习近平总书记指出，"高质量发展需要新的生产力理论来指导，而新质生产力已经在实践中形成并展示出对高质量发展的强劲推动力、支撑力，需要我们从理论上进行总结、概括，用以指导新的发展实践""新质生产力是创新起主导作用，摆脱传统经济增长方式、生产力发展路径，具有高科技、高效能、高质量特征，符合新发展理念的先进生产力质态"。

在习近平经济思想的指导下，中国加速经济结构调整和优化，明确提出创新驱动发展战略，将创新置于国家发展的核心位置。特别是在战略性新兴行业方面，政策引导和支持下的关键核心技术突破，促进了新产业、新业态、新模式的快速发展，为经济高质量发展注入新动力。本文将初步探讨习近平经济思想如何通过战略性新兴行业的培育及发展，推动经济结构优化升级和经济增长方式转变，进而指导新质生产力的发展。结合当前战略性新兴行业的发展现状，本文旨在深化对习近平经济思想指导下新质生产力发展的理解，并提出政策建议和前瞻性思考。随着中国经济发展进入新常态，创新和高质量发展已成为发展主旋律。习近平经济思想对于新时代中国特色社会主义经济发展具有重要的理论和实践意

---

① 肖可舟，中山大学港澳珠三角研究中心副研究员，中山大学粤港澳研究院研究助理教授，曾任中山大学岭南学院助理教授。

义。通过本文的研究，期待能深化对习近平经济思想在新质生产力发展，尤其是利用战略性新兴行业作为突破口推动中国经济高质量、可持续发展的理解。

二、当前战略性新兴产业的机遇与挑战

在习近平经济思想指导下，中国大力发展战略性新兴产业和未来产业，着力打造由硬科技赋能的现代产业体系。这一战略选择不仅是顺应新技术革命和产业变革趋势的必然选择，也是构筑新竞争优势和赢得发展主动权的关键举措，重点方向包括通用人工智能、元宇宙、人形机器人、脑机接口等，旨在通过前瞻性技术创新应用培育和发展战略性新兴产业，加速新技术、新产品的落地应用。具体而言，在新质生产力的"六大赛道"中，如下领域格外引人注目：

在数字经济方面，关注大数据、云计算、人工智能等领域。目前，数字经济产业链正处于景气上行的关键时期，数字确权和数据要素入表正逐步成为新业态。在产业拐点和政策扶持下，大数据、云计算、人工智能等领域发展前景广阔。

在高端装备方面，关注工业机器人、北斗产业、增材制造、轨道交通装备等领域。从长周期来看，部分老旧机床已到 10 年换新周期，设备更新潜在需求高，在大规模设备更新和消费品以旧换新行动方案的支持下，工业机器人、北斗产业、增材制造、轨道交通装备等设备领域有望迎来投资机会。

在生物技术方面，关注创新药领域。目前，创新药在代表性地区的研发投入下行，美国食品药品管理局（FDA）新药上市申请数量趋降，主要指数处于底部区间，短期景气上行受限。从长期来看，2024 年《政府工作报告》将创新药列为积极培育的新兴产业之一，加之我国人口老龄化程度不断加深，需求端和供给端双向发力将推动创新药行业景气持续攀升。

在智能电车方面，关注新能源汽车与储能两大终端应用。自 2023 年以来，汽车产业链去库存周期基本结束，在智能电车价格下行和政策预期不断催化下，一批又一批的新车型不断涌现，行业景气有所回暖。具体而言，新能源汽车与储能两大终端应用有望带动中上游行业发展，共创投资机遇。

在能源转型方面，关注光伏、风电和电力设备领域。从光伏来看，近期价格端处于筑底区间，光伏装机数量维持高速增长，光伏电池产量增速上行，市场需求保持旺盛，且价格下行有助于后续装机空间的不断拓展。从风电来看，中国风电市场已踏上良性发展轨道，虽然 2023 年受补贴退坡、海风项目审批放缓等事

件影响，风电需求有所下降，但 2024 年限制性因素陆续解除，海上风电景气度拐点已至，起量在即。从电力设备来看，全球能源转型有效拉动电网基础设施需求增长，电网设备基本面回暖，电力设备出海空间广阔。

在未来产业方面，关注氢能和低空经济领域。海外日本氢能产品发展速度较快，国内政策也在积极扶持储存板块，氢能板块整体利润空间广阔，产业迎来新一轮景气上行期。在低空经济领域，《无人驾驶航空器飞行管理暂行条例》自 2024 年 1 月 1 日起正式施行，低空经济在物流等领域运用加速落地，新业态、新场景不断涌现，展现出强劲的增长势头和广阔的发展前景。

在习近平经济思想指导下，中国战略性新兴行业发展生机勃勃，取得了显著成效。这些行业的发展不仅展示了中国在科技创新和产业升级方面的强劲动力，也体现了习近平经济思想对于推动科技创新、优化经济结构、促进高质量发展的实际作用和指导价值。然而，我们必须清醒地认识到我国战略性新兴产业发展的难点、堵点，其中包括以下三个关键方面：

一是基础研究投入不足。长期以来，我国战略性新兴产业以模仿创新为主，即在引进国外技术的基础上进行应用模式的创新，如我国生物医药产业中仿制药占大多数。2022 年，我国研发经费投入超过 3 万亿元，占 GDP 的比重为 2.54%。基础研究投入占全社会研发投入的 6.57%，与发达国家普遍 15% 以上的水平形成了显著差距。其中，我国企业对基础研究投入的贡献度占比不足 3%。企业对原创性技术研究的投入缺乏动力，部分企业呈现"轻技术创新，重规模扩张"的产业低端化发展趋势。

二是技术创新缺乏合力。战略性新兴产业的技术突破往往需要投入大量资源，从技术研发、产品设计到协同制造等各个环节都需要产业链各主体的技术合力。然而，我国战略性新兴产业的技术创新主要呈点状式发展，即各企业习惯于独立开展技术创新，缺乏对产业链整体技术水平的带动。一方面，我国知识产权保护机制尚未健全，各技术单元对技术外泄的担忧阻碍了协同创新的开展；另一方面，我国战略性新兴产业链技术协同创新中心、共性技术研发平台等技术共生平台建设不足，导致各技术单元缺乏共同创新的渠道和机制。

三是创新成果转化率较低。尽管近年来我国创新产出呈现较快增长态势，但与发达国家仍有明显差距。2022 年，我国科技进步贡献率超 60%，而美国、日本等发达国家的科技进步贡献率已达 80% 左右。一方面，技术研发和应用匹配度不足，高校与科研机构的成果多为实验室阶段成果，与实际市场需求缺乏足够的契合度，且现有成果评价体系多重数量、轻质量，缺乏完善的科技成果评价体系，导致高质量满足企业成果转化需求的科技成果产出较少；另一方面，我国技术要素市场化配置水平仍较低，技术转化缺乏充足的资金和人才要素支持，导致大量研发成果由于二次开发资金不足而难以落地。

因此，如何在当前复杂局面下，围绕习近平经济思想中对创新驱动发展战略和绿色可持续发展的核心要求，展现了政府对科技创新和绿色发展的坚定承诺，进一步发展我国的战略性新兴产业，需要进一步的理论提炼与政策优化。

三、理论提炼：新质生产力与创新驱动型经济体系建设

2024 年 5 月 31 日，习近平总书记主持二十届中共中央政治局第十一次集体学习并发表关于《发展新质生产力是推动高质量发展的内在要求和重要着力点》的重要讲话，明确指出，"深入实施科教兴国战略、人才强国战略、创新驱动发展战略，坚持'四个面向'，强化国家战略科技力量，有组织推进战略导向的原创性、基础性研究"。

习近平经济思想的理论基础和实践指导原则在多个层面为中国经济发展提供了科学指导。特别是在推动新质生产力发展和战略性新兴行业的培育上，习近平经济思想强调了创新的核心地位，以及构建开放型、创新驱动的经济体系的重要性。党的二十大报告明确提出，要坚持以推动高质量发展为主题，把实施扩大内需战略同深化供给侧结构性改革有机结合起来，增强国内大循环内生动力和可靠性，提升国际循环质量和水平，加快建设现代化经济体系。

新质生产力反映了生产力发展的新阶段，是以新技术深化应用为驱动，以新产业、新业态和新模式快速涌现为重要特征的生产力形态。它不仅意味着生产力、社会经济层面的变迁，还意味着生产关系、社会制度层面的深刻变革。新质生产力的核心在于科技创新，要求从科技创新中寻找新方法、新路径，以高水平科技自立自强为发展提供强大支撑。发展新质生产力是我国顺应新技术革命和产业变革趋势的必然选择，同时是构筑新竞争优势和赢得发展主动权的战略选择。在经济全球化出现逆流、全球产业链供应链体系加速重构的背景下，发展新质生产力成为推动中国式现代化建设的当务之急。此外，习近平经济思想强调，要处理好政府和市场的关系，在创新和转型升级中充分发挥政府和市场各自的作用。

在习近平经济思想指导下，强调了战略性新兴行业在国家经济发展中的重要角色。通过促进科技创新、优化经济结构、推动高质量发展，战略性新兴行业被视为培育和发展新质生产力的重要领域。习近平经济思想提倡通过深化改革、扩

大开放、促进创新驱动发展，加快形成新质生产力，为实现中国式现代化建设提供坚实的经济基础。

四、结论、对策建议与初步思考

2023 年，中国新质生产力发展正处于全球经济压力增加的背景下，培育和发展新质生产力成为推动经济高质量发展的核心，如何进一步引导战略性新兴产业的高质量发展需要合理的对策建议。

第一，提升产业创新能力，夯实产业发展基础。其一，强化基础研究投入。加大对企业基础研究的资金支持，进一步强化政府通过税收优惠、设立政企联合基金等方式为企业提供研发资金，同时鼓励金融机构创新科技金融产品和服务。其二，推进技术创新协同平台建设。要发挥产业链龙头企业的创新引领作用，鼓励链主型企业联合链上企业共同打造创新联合体，赋能链上企业协同创新，有效缓解部分中小企业创新难、产业链上下游供需不匹配等现实问题。其三，推进技术要素市场化改革。推进中国技术交易所、上海技术交易所和深圳证券交易所科技成果与知识产权交易中心三大国家级技术要素市场与区域性、行业性技术要素市场互联互通，促进技术要素在更广范围内流动，提高技术要素向现实生产力的转化率。同时，完善各技术要素市场服务体系，通过与企业共建转化平台、成果路演直播等形式加快关键核心技术的落地转化。

第二，补短板、锻长板，提高产业链、供应链韧性。其一，加快攻克关键核心领域的"卡脖子"难题。从需求导向出发，聚焦高端芯片、操作系统、基础元器件和数据库等关键领域，定期编制《重点领域补短板产品和关键技术攻关指导目录》，努力实现前沿引领技术和颠覆性技术的重大突破。其二，加快标准国际化进程。发挥企业在战略性新兴产业标准国际化中的主体作用，鼓励支持高校、科研院所共同参与国际标准制定，及时抢占部分前沿细分领域的标准主动权。其三，进一步推进数字体系和安全体系的深度融合。面向不同行业、不同领域的需求，针对决策、管理、生产等各个环节潜在的安全风险和威胁，差异化定制各类数字安全产品和服务，有效提升数字经济背景下的产业链抗风险能力。

第三，推进产业布局优化，提升产业集群水平。其一，强化产业规划顶层设计。各地政府在确定战略性新兴产业发展方向时，应当厘清区域经济的发展状况和本地产业的发展特色，形成主业突出、多元反哺的产业发展格局。其二，强化链主型企业的引领作用。鼓励各地国有大型企业和龙头上市公司承担产业链链长职责，利用自身在技术创新、资本集聚、人才招引等方面的优势，深化开展上下游企业合作和资源共享，赋能链上中小企业发展，推进产业链整体水平提升。同时，"以商引商"推进产业链延伸。

第四，促进要素资源集聚，优化产业营商环境。其一，推进人才培养和产业发展融合发展。鼓励研究型大学设置交叉型专业，填补前沿领域创新人才的缺失，深化职业教育院校产教融合发展，以"订单班、冠名班、定向班"等方式加快高技能人才对区域新兴产业的供给。其二，完善人才招引机制。政府可通过与专业人才招引机构合作、构建海内外高层次人才数据库等方式，提高人才招引质量和效率。同时，推进"硬环境"和"软环境"的同步优化，为引进人才提供高水平研发平台和浓厚的创新氛围，进一步激发引进人才的创新能力。

参考文献

［1］国务院：《国务院关于印发〈中国制造2025〉的通知》，2015年5月8日。

［2］《中共中央关于印发〈习近平新时代中国特色社会主义思想学习纲要（2023年版）〉的通知》，2023年4月6日。

［3］《加快形成新质生产力》，央视网，https://tv.cctv.com/2023/11/20/VIDA7Tl6BCGE0OHzSjMqNeyl231120.shtml，2023年11月20日。

［4］洪银兴：《用习近平经济思想指导新的生产力理论研究》，《人民日报》2024年4月9日第9版。

［5］习近平：《发展新质生产力是推动高质量发展的内在要求和重要着力点》，《求是》2024年第11期。

加快建设以科技创新为引领的现代化产业体系

赵昌文 ①

党的二十大对"建设现代化产业体系"作出部署，二十届中央财经委员会第一次会议提出"推进产业智能化、绿色化、融合化，建设具有完整性、先进性、安全性的现代化产业体系"，这是以习近平同志为核心的党中央立足实现第二个百年奋斗目标、统筹发展和安全作出的重大战略决策，为建设现代化产业体系提供了科学指引。全面建成社会主义现代化强国，必须加快建设以实体经济为支撑的现代化产业体系，夯实中国式现代化的物质技术基础，实现高质量发展和高水平安全的良性互动。

一、现代化产业体系是现代化国家的物质技术基础

现代化产业体系是现代化经济体系的重要基础。党的十八大提出"着力构建现代产业发展新体系"，党的十九大提出"着力加快建设实体经济、科技创新、现代金融、人力资源协同发展的产业体系"，党的二十大对"建设现代化产业体系"做出了更加全面具体深入的表述。习近平总书记的系列重要讲话对现代化产业体系也有深刻论述。2022 年 12 月，习近平总书记在中央经济工作会议上的讲话强调做好下一年经济工作的五个重大问题，其中之一就是"加快建设现代化产业体系"。2023 年 1 月，习近平总书记在二十届中共中央政治局第二次集体学

---

① 赵昌文，博士，中山大学国家发展研究院院长，中山大学吴小兰讲席教授、岭南学院教授。2011~2023 年，先后担任国务院发展研究中心企业研究所所长、产业经济研究部部长，中国国际发展知识中心主任。2005~2011 年担任四川大学党委常委、副校长。

习时强调，新发展格局以现代化产业体系为基础，经济循环畅通需要各产业有序链接、高效畅通，要打造自主可控、安全可靠、竞争力强的现代化产业体系。2023 年 5 月，习近平总书记主持召开二十届中央财经委员会第一次会议，强调"加快建设以实体经济为支撑的现代化产业体系"。2023 年 12 月，习近平总书记在中央经济工作会议上进一步提出"加快建设以科技创新为引领的现代化产业体系"。从历次党代会和习近平总书记系列重要讲话中的论述来看，现代化产业体系至少包括以下主要方面：

一是以实体经济为支撑。党的二十大明确提出，坚持把发展经济的着力点放在实体经济上，推进新型工业化，加快建设制造强国、质量强国、航天强国、交通强国、网络强国、数字中国。二十届中央财经委员会第一次会议强调，现代化产业体系是现代化国家的物质技术基础，必须把发展经济的着力点放在实体经济上，为实现第二个百年奋斗目标提供坚强物质支撑；加快建设以实体经济为支撑的现代化产业体系，关系我们在未来发展和国际竞争中赢得战略主动。在会议强调的"五个坚持"中，第一个就是"坚持以实体经济为重，防止脱实向虚"。2023 年 4 月，习近平总书记在广东考察时强调，"中国式现代化不能走脱实向虚的路子，必须加快建设以实体经济为支撑的现代化产业体系"。过去我国依靠强大的实体经济创造了经济快速发展和社会长期稳定"两大奇迹"，未来全面建成社会主义现代化强国、以中国式现代化全面推进中华民族伟大复兴，必须始终重视发展实体经济。以实体经济为支撑，制造业是核心，改造升级传统产业是根本，培育壮大新兴产业是重点。制造业是实体经济的基础，要保持制造业占比基本稳定，巩固完整产业体系优势，锻长板、补短板、强基础。传统产业是现代化产业体系的基底，要坚持推动传统产业转型升级，通过技术改造和设备更新，不断提升竞争力，不能当成"低端产业"简单退出。战略性新兴产业和未来产业是现代化产业体系的新引擎，要用好我国超大规模市场和人力资本等创新资源，培育发展新动能、增强竞争新优势，加快形成新质生产力。

二是把握人工智能等新科技革命浪潮。全面建设社会主义现代化国家，进一步解放和发展社会生产力，要求我国必须深度参与甚至引领新一轮工业革命。习近平总书记指出，"我们正面对着推进科技创新的重要历史机遇，机不可失，时不再来，必须紧紧抓住"。二十届中央财经委员会第一次会议强调，要把握人工智能等新科技革命浪潮。依照关键投入品、主导技术及产业、对生产生活方式的影响等标准，世界经济史上至少已经发生了三次工业革命。历史上的工业革命，释放了巨大生产力，对人类社会的生产生活方式和全球政治经济格局产生了深远影响。近代以来的大国崛起史，就是一部工业革命引领史。与过去数次错过工业革命不同，中国当前已总体上具备了深度参与甚至引领新工业革命的基础条件。保持并增强产业体系完备和配套能力强的优势，高效集聚全球创新要素，推进产业智能化、绿色化、融合化，建设具有完整性、先进性、安全性的现代化产业体系，是中国深度参与和引领新工业革命的关键任务。

三是适应人与自然和谐共生的要求。中国式现代化是人与自然和谐共生的现代化。党的二十大指出，推动绿色发展，促进人与自然和谐共生。从发达国家的现代化历史来看，工业化、城市化进程中都伴随对生态环境的巨大破坏。党的十八大以来，我国生态环境保护发生历史性、转折性、全局性的变化，习近平生态文明思想和"绿水青山就是金山银山"的理念已经深入人心、融入各项制度和政策。过去 10 年，我国以年均 3% 的能源消费增速支撑了年均 6% 以上的经济增长，单位 GDP 二氧化碳排放下降超 35%，推动绿色低碳高质量发展取得积极成效，也为全球应对气候变化作出了贡献。二十届中央财经委员会第一次会议提出，加快构建现代化产业体系，"推进产业智能化、绿色化、融合化"，绿色将是未来我国经济社会高质量发展的底色。毫无疑问，绿色低碳转型会导致全球产业的成本结构发生显著变化，未来企业的环境外部性成本在总成本中的占比将会大幅提升，气候变化因素也使后发国家的赶超进程又多了一些额外约束条件。但绿色低碳转型也为我国建设现代化产业体系提供了新动力。减污降碳特别是"双碳"目标，会倒逼绿色技术进步与产业升级，为我国培育产业竞争优势提供新的机遇。近年来，我国绿色技术、绿色产业、绿色金融市场发展较快，在碳中和大背景下，全球产业链供应链将制定新的碳排放标准，若能尽快做好各方面应对工作，就能够在新的国际合作分工中占据更有利地位，提升绿色发展的国际话语权。

二、科技创新是建设现代化产业体系的关键支撑

习近平总书记指出："创新是引领发展的第一动力，是建设现代化经济体系的战略支撑。"以科技创新引领现代化产业体系建设，需要紧密结合世界科技发展前沿，高效集聚全球创新要素，加强科技创新特别是原创性、颠覆性科技创新，不断培育产业发展新动能新优势。在激烈的国际竞争中，我们要开辟发展新领域新赛道、塑造发展新动能新优势，从根本上说，还是要依靠科技创新。

当前推进中国式现代化，关键是实现高水平科技自立自强。我们必须深刻理

解科技创新与现代化产业体系建设的内在规律。从人类历史来看，经济增长的基本逻辑是技术进步与产业升级。在历次工业革命赛道上，决定一个国家从后发到领跑、从领跑到掉队、从赶超到持续领跑的自然法则到底是什么？

对此有诸多不同的解释，也因此形成了不同的理论学派，比较有代表性的有技术学派、社会变革学派、产业组织学派和宏观经济学派；也有很多其他的解释。比如，有人认为，英国之所以会发生工业革命，是为了解决其资源禀赋的结构性矛盾。因为英国人少，所以发明了很多新技术、新工艺来解决劳动力短缺问题；最早技术进步主要在棉纺织、钢铁等领域而不是能源领域，因为英国的煤炭资源非常丰富等。从不同角度来看，也许每个学派都有其道理。

在此，笔者想更多地从技术学派的框架来谈谈认识。如果从技术视角来看，工业革命的本质就是技术进步和革新，是新技术对旧技术持续且广泛的替代过程。在这一过程中，存在一对非常重要的矛盾，即新技术和旧技术之间的矛盾。这一矛盾，不仅是技术本身之间，还是新旧技术所代表的企业、产业、利益集团或者社会群体之间的矛盾。新旧技术既是两种不同的生产力，也代表了两种不同的生产关系和两种不同的生产方式。

更进一步地，新技术对旧技术的替代其实是有很多阻力的，甚至有时候先进本身也构成了阻力。因为当一个国家或一个企业已经在某种技术上成为世界水平、全球领先的时候，它其实是缺乏足够动力去改变的。在某种意义上，先进有时候往往意味着落后，或者意味着保守。这一过程至少涉及两个环节：一个是新技术的产生或者发明的过程，另一个是新技术的应用过程。我们经常讲科学革命、技术革命、工业革命，它们之间有很复杂的关系。有人认为，科学革命比技术革命更基础、更重要，如果没有欧洲的科学革命，工业革命就会成为无源之水；有人则认为，至少在英国的工业革命中，科学革命并没有起到那么重要的作用。笔者的看法是，从新技术和旧技术的替代来看，两者都很重要。这就是我们必须把科技创新和产业升级相统一、把科技自立自强与现代化产业体系建设相统一的根本原因。

三、更加重视科技成果应用：新技术适应性

在中美博弈的背景下，加快解决关键核心技术问题，既要重视"研"也要重视"用"。习近平总书记指出："我们要及时将科技创新成果应用到具体产业和产业链上，改造提升传统产业，培育壮大新兴产业，布局建设未来产业，完善现代

化产业体系。"一直以来,我们基本处于全球技术前沿边界之内,虽然强调原始创新,但技术进步范式主要是集成创新和引进消化吸收再创新。因此,经常看到的情况是,只要能够买得到就不会去"研",导致失去了在一些领域可能领先的机会。现在买不到了,行业的领先企业反而在"背水一战"中有不少新的突破。《科技日报》自 2018 年 4 月起陆续报道了我国当时尚未掌握的 35 项关键技术,即我们所说的中国被"卡脖子"的技术。经过这些年的努力,在核心算法、数据库管理系统、高端电容电阻等多个方面甚至芯片、操作系统都能实现国产自研,虽然与美国或全球最先进的技术相比可能还有不小差距,但并不影响绝大多数产业领域达到"能用""够用"的水平。也就是说,这些年我国巨大的科技投入还是产生了一批好的成果,但过去因为有更加先进的国外技术,这些成果一直得不到应用的机会,自然也就不可能在迭代升级中变得越来越好。这里有一个很重要的概念,就是"新技术适应性"。对于一个国家或者地区而言,什么样的因素决定了这个新技术的适应性呢?

第一个方面是经济基础,包括经济发展水平、经济规模和基础设施等。如果我们用人均 GDP 衡量一个国家的经济发展水平,并以此作为可以深度参与甚至引领新工业革命的门槛值,可以发现每次工业革命的引领国不一定都是当时最领先的国家。最领先的国家是没有太多动力更换赛道的。原因在于,更换赛道或者放弃现有的技术路线而采用其他新技术的机会成本是很大的,甚至是沉没成本,正如领先企业一样。例如,宝马和奔驰,它们为什么没有首先成为特斯拉呢?因为它们在传统燃油车领域处于世界最领先的水平,更换赛道并成为另一技术范式的领先者,要放弃曾经所有的"光荣与梦想"。由此可见,至少从动力来说,领先企业是没有比创新者更强的动力去更换赛道的。同样的道理,对于一个领先国家来说,也可能会有更大的沉没成本。我国在燃油车领域虽然落后于传统的汽车强国,但在新能源汽车相关的产业链却积累了相当一批技术,多数汽车企业特别是"造车新势力",并不存在历史包袱。当有适宜的市场环境时,这些技术就可能在风险资本的支持下得以商业化,甚至由此实现"换道超车"。2023 年,我国汽车产销量均接近 3000 万辆,占全球的 1/3 左右;汽车出口量首次超过日本,跃居世界首位。这恐怕是很多人都没有想到的。

经济规模是影响新技术应用的另一重要因素。中国经济是大海而不是小池塘,更多的是从抗击外部风险冲击的角度来讲的。从创新的角度来看,我国拥有 14 亿人口、超过 4 亿中等收入群体的超大规模市场,是非常有助于分担创新成本的,可以更快地实现科技成果的市场化应用。当然,经济基础还包括基础设施特别是新型基础设施。只有在 5G 等基础设施具备的情况下，北斗的商业应用才会更加广泛、顺畅、低成本。

第二个方面是制度环境。工业革命除了生产力变革，生产关系也同步发生着变化，而且两者之间相互促进、相互影响。从新技术适应性来看，很多制度因素如产权保护等都很重要。此外，还有几个非常重要的因素：其一，报酬结构。创新领域或高新技术领域与金融和房地产领域的报酬结构之间不能严重失衡。否则，当可以很容易地通过金融投资和房地产获得更高收益时，没有人愿意应用新技术提高生产力，更不要说新技术发明创造了。其二，企业纵向流动性，也就是新企业从小企业跃迁至大企业的可能性。企业纵向流动性越强，创新生态越好。我们可以从不同维度来衡量企业的纵向流动性，如大企业的变动率、独角兽企业的数量，还可以用企业老龄化程度来衡量。当一个社会、一个国家稳定发展的历史越长、发展水平越高，某种程度上往往意味着更多企业的年龄更大。中国的问题是企业"各领风骚三五年"，另一个极端是企业的历史太长，充斥着"百年老店"。从科技创新的角度特别是新技术应用的角度来说，这并不见得是什么好事，因为任何事情都有两面性。另外，还需要金融的支持，有合适的技术金融范式来促进技术的应用和扩散。目前的主要问题是，金融供给与科技自立自强金融需求的风险收益期限结构不匹配。因此，要推进金融供给侧结构性改革，加大能够克服市场失灵的财政资源供给，形成以财政资源为核心、政策性金融和商业金融资源为主体的系统性金融服务体系。以上种种因素，我们可以把它理解为是否有一个技术友好型的制度环境。制度环境也包括产业政策，以科技创新促进建设现代化产业体系必须推动产业政策创新。2021 年 2 月 4 日，笔者在与美国驻华使馆公使衔经济参赞孙毅翔（Jonathen Habjan）见面时，他关心的问题第一个就是中国"十四五"期间的产业政策。实际上，美国、欧洲等主要发达国家都毫不避讳地讲产业政策、用产业政策。2022 年 9 月出台的美国《通胀削减法案》，就是以立法形式发布的产业政策。所以，我们也要与时俱进地完善新发展阶段的产业政策，强化战略性领域顶层设计，增强产业政策协同性，构建有利于科技创新和现代化产业体系建设的长效机制。

第三个方面是精神理念。工业革命首先是一种精神，一种崇尚实业、追求卓越的精神，一种技术乐观主义精神，一种勤勉不息的精神。在《信念》一书中，信念被定义为人们对自己的想法观念及其意识行为倾向的强烈的、坚定不移的确信。华为的任正非先生曾推荐过一篇文章《不眠的硅谷》，其中有这样一句话，"假设你离开这条快速公司哪怕十亿分之中的一个秒钟，你也会失去机会"。这就是参与超越时区的国际市场的代价：每天都有新的起点。人类社会的进步从来都会遇到困难，但在整个工业革命实现的过程中，又一次次地实现了新的发展。在目前纷繁复杂的国际环境下，中国企业必须积极拥抱新一轮工业革命，树立实业兴国的精神、合作共赢的精神，企业之间要良性竞争，只有这样才能形成更强大的合力，构建更可靠的产业链、供应链体系。

第三篇

资本市场与
金融高质量发展

以资本市场高质量发展
推动经济高质量发展

康俊卿 ①

  2023 年 10 月召开的中央金融工作会议与 2023 年 12 月召开的中央经济工作会议，系统总结了党的十八大以来以习近平同志为核心的党中央奋力开拓中国特色金融发展之路形成的宝贵经验，深刻分析了当前和今后一个时期我国金融发展面临的新形势和新挑战，明确提出了一系列极具中国特色的金融政策新思路和新方向，为做好新时代、新征程的金融工作提供了根本遵循和行动指南。

  截至 2023 年 2 月 28 日，境内股票市场共有上市公司 5112 家，沪、深、北证券交易所分别为 2184 家、2753 家、175 家，我国已是名副其实的金融大国。中央金融工作会议在此基础上提出了从金融大国迈向金融强国的战略目标，将金融工作上升到党和国家事业发展全局的战略高度，体现了全面建成社会主义现代化强国的必然要求。当前，中国经济发展进入了双轮驱动的时代：一是科技创新驱动；二是现代金融驱动。资本市场作为现代金融的基石和核心，如何完成对其的转型、升级，是建设金融强国最重要的改革议题之一。提高金融效率的关键手段是建设现代资本市场体系，以资本市场的高质量发展推动我国经济高质量发展，为以中国式现代化全面推进强国建设、民族复兴伟业提供有力支撑。

一、资本市场高质量发展的重要性

  资本市场的高质量发展在美国经济崛起过程中扮演着关键性作用。一方面，

---

① 康俊卿，中山大学岭南学院金融学学士、经济学硕士、悉尼科技大学金融学博士，现任中山大学岭南学院金融系副教授，硕士生导师。

以华尔街为中心的金融体系通过发行、流通与交易美国国债，为重大战争如美国内战、一战及"二战"等融资，成为美国近代资本市场的中心，推动了美国第二次工业革命的展开；另一方面，随着英国"南海公司"泡沫、法国"密西西比公司"泡沫相继破灭，英国、法国等股市崩溃，而 1720 年英国政府通过《泡沫法案》，更使任何新公司几乎都不能向公众发行股票，英国和其他欧洲国家在 18 世纪上半期资本市场发展停滞不前。因此，美国资本市场的高质量发展使工业革命的引擎也从英国转移到美国，导致第二次工业革命期间英国经济的活力与发展开始显著落后于美国。美国自建国以来，先是继承西欧的传统金融行业，然后逐步将资本市场、消费信贷、保险和投资银行都推向新高。由此，丰富了企业发展的资本支持，让创业创新风险分散在千千万万投资者之中，为美国成为创新型国家奠定了基础。

当前，我国资本市场是社会经济资源配置的重要场所。1990 年底，上海证券交易所和深圳证券交易所的相继设立与运行拉开了中国金融结构性改革的序幕，自此中国资本市场正式走向幕前。在没有资本市场以前，企业融资主要以商业银行贷款为主，债务性的信贷资金期限较短，偏好稳定成熟的工业企业，极大限制了高不确定性的企业科技创新和新兴产业崛起。资本市场属性强、规范水平高，与银行的间接融资相比，具有风险收益匹配、激励约束相融的独特优势。截至 2022 年 6 月，我国社会融资规模存量中的直接融资（债券＋股票）占比提升至 48%，随着资本市场改革逐步深入，我国直接融资占比逐渐提升，以间接融资为主的融资结构体系正逐步改善。透明可期、有投资功能的资本市场可以提高市场流动性、减缓企业融资约束、解决委托代理冲突等问题，从而提升资源配置效率，将来自金融"血脉"的资金"养分"保质保量地输送至经济"肌体"。

我国资本市场的高质量发展将助推高水平科技自立自强。2023 年中央经济工作会议部署的 2024 年九项重点任务中，第一项就是"以科技创新引领现代化产业体系建设"。近年来，随着改革不断深化，资本市场为高科技企业融资提供了更多便利，对于科技创新的支持作用进一步彰显，为科技型企业提供全生命周期的多元化接力式金融服务，完善资本市场服务科技创新的支持机制，引导资源向科技创新领域集聚，激发市场科技创新活力，助推科技企业做优做强。中国上市公司协会（以下简称中上协）数据显示，2023 年前三季度，上市公司研发支出 1.05 万亿元，同比增长 10.79%；科创板、创业板和北交所上市公司前三季度研发支出分别增长 20.50%、15.86% 和 12.14%，研发强度分别为 9.15%、4.66% 和 4.32%。截至

2023 年第三季度末，上市公司共拥有发明授权 26.56 万件。依托制度创新，资本"活水"得以加速流入"科技创新之树"，助力我国科技高水平自立自强，从而实现科技、资本和产业的良性循环。

二、我国资本市场发展现状

在资本市场助力高水平科技自立自强的过程中，多层次资本市场体系为新兴科技提供股权和债权方面的融资支持，助力高新企业发展壮大，为资本带来合理回报，并形成产业链，进而带动上下游继续深化创新。从推出新三板、设立科创板，到改革创业板、合并深市主板与中小板，再到设立北京证券交易所（以下简称北交所），我国资本市场历经数十年改革发展，如今已构建起一个体系完整、层次清晰、功能互补、有机联系的多层次市场体系。沪深主板、创业板、科创板和北交所的板块定位有清晰的区分，沪深主板更加突出"大盘蓝筹"的特色，科创板坚守"硬科技"的特色，创业板继续保持"三创四新"的特点，北交所和新三板更注重服务创新型的中小企业。

随着我国多层次资本市场体系的不断健全，进一步释放了科技创新的活力，量身定制的发行上市、信息披露、再融资、并购重组、股权激励等创新制度，为科技创新企业成长提供肥沃土壤。各板块注重凝聚合力，不断发挥协同效应，共同提升服务经济转型升级的质效，服务实体经济与创新发展的普惠性明显提升，适配性极大增强。在 2023 年上市的公司中，174 家科创板、创业板企业中仅有 1 家不属于战略性新兴产业，"优创新"特色鲜明；在 76 家北交所上市公司中，有 55.26% 的公司具有"专精特新"属性。在板块各具特色与企业各有归属的背后，实则是资本市场在充分发挥连接实体经济、金融、科技的枢纽作用，不断引导着金融资源流向符合国家战略发展方向的行业和企业。

未来，形成各市场板块互联互通的格局仍将是完善多层次资本市场体系的一大重点。当前我国建立了以新三板和北交所为核心的转板制度，但目前各层次资本市场之间仍处于相对割裂的状态，亟须通过更加完善的转板制度加强各层次资本市场之间的互联互通，进一步提高了资本市场的资金配置效率。在此基础上，多层次资本市场体系将进一步拓展广度深度，明晰定位分工，加强互联互通，推进形成契合实体经济不同发展阶段的、层层递进的多层次市场新生态，继续为稳定经济增长、支持科技创新、实现高质量发展贡献资本动能。

三、展望未来：注册制改革的推进与包容性监管体系的建立

1993 年，初步建立全国统一股票发行审核制度的中国证券市场实行审批制，这一发行制度完全由行政主导。2001 年，更改为市场化的核准制取代审批制，成为证券市场新的发行制度，前期为通道制，2004 年以后转变为保荐制。2019 年 7 月，科创板注册制试点开启，创业板和北交所也分别于 2020 年 8 月和 2021 年 11 月迎来注册制，2023 年注册制全面取代核准制。注册制改革的本质是把选择权交给市场，简化上市的流程与周期，强化市场约束，有助于夯实直接融资体系制度基石，提升资本市场包容性与投融资效率，助力直接融资占比的提升，推动中国实体企业实现高质量发展，推进中国产业升级和经济结构调整，更好地服务国家发展战略。[1]

全面注册制改革是一场涉及监管理念、监管体制、监管方式的深刻变革、触及监管底层逻辑的变革、刀刃向内的变革、牵动资本市场全局的变革，将有力加快建设中国特色现代资本市场，有效完善社会主义市场经济体制，大幅提升资本市场服务实体经济高质量发展的能力和水平。随着全面注册制的推进，监管对资本市场乱象的整治力度也日渐提升。以被证监会立案调查的上市公司为例，2022 年全年共约 100 家，2023 年则超过 130 家。市场化的发行制度在带来更大市场活力的同时，也亟待更为规范的资本市场秩序，这意味着必须严格监管，从严、从重、从快处置违规乱象，以营造风清气正的良好资本市场生态。此外，现阶段我国资本市场常态化退市机制仍未形成，"新陈代谢"仍需提速。随着 2020 年底沪深交易所（上海证券交易所和深圳证券交易所的简称）分别正式发布退市新规，我国资本市场近两年退市数量激增。2022 年上市公司退市数量合计 50 家，退市率为 0.99%，与美股发达市场相比差距较大（2022 年美股退市公司数量 579 家，退市率为 8.62%）。我国资本市场退市标准操作性有待提升，退市渠道仍然相对单一。因此，为加快我国低质量上市公司的常态化退出，促进上市公司市场化发展，注册制改革需要持续深入推进。

随着全面注册制改革的实施以及多层次资本市场的推进，资本市场监管体系也面临相对应的新趋势和新挑战。金融风险具有外部性特点，金融监管必须风险

---

[1] 作为注册制"试验田"的科创板，截至 2023 年 2 月 3 日，共有上市公司 504 家，IPO 募资总额 7625 亿元，分别占同期 A 股上市新公司数量的 30.43% 和 IPO 募资额的 38.92%。在 2023 年前三个季度内，科创板企业整体归母净利润增速达到 30.11%，领先于创业板（22.67%）及全部 A 股（6.77%）。全面实行股票发行注册制，将加速投资回归业绩本源，通过"进退"机制的持续完善，让市场形成优胜劣汰的良性生态循环，并促使存量上市公司通过内部管理变革，不断规范公司治理和内部控制。

全覆盖。首先资本市场监管体系要坚持党对资本市场工作的全面领导，确保发展方向始终正确。党的领导是中国特色社会主义最本质的特征，也是建设中国特色现代资本市场的根本保障。党的十九大报告指出，健全金融监管体系。2023 年召开的中央金融工作会议进一步明确提出，"切实提高金融监管有效性，依法将所有金融活动全部纳入监管，全面强化机构监管、行为监管、功能监管、穿透式监管、持续监管"，从五个方面为构建全覆盖无死角的金融监管体系指明了方向。在此基础上，资本市场监管体系既要划定刚性底线，即以现行有效的法律规范和金融业务规则为准绳，从业务合规、风险可控等方面明确资本市场运行基本规范准则和监管底线。其次要设置柔性边界，即综合、灵活运用信息公开披露、社会公众参与监督等柔性监管方式方法，使投资机构、金融消费者都能参与到资本市场治理和规范的过程中。最后要预留创新空间，即在守住安全底线基础上包容合理资本市场创新，需要健全市场稳定机制，完善市场交易机制，丰富市场风险管理工具，建立健全金融市场突发事件快速反应和处置机制，健全稳定市场预期机制完善系统性风险监测预警和评估处置机制等。

金融创新服务农业高质量发展的
探索与实践
——运用"期货+"模式

梁建峰 [①]

一、引言

2023 年 12 月，中央经济工作会在北京举行，会议强调，必须着力推动高质量发展，切实增强经济活力，持续推动经济实现质的有效提升和量的合理增长。2023 年年底召开的中央农村工作会议提出，"完善联农带农机制，实施农民增收促进行动"。2024 年中央一号文件要求"强化产业发展联农带农"。围绕乡村振兴的整体要求，金融服务体系亟须守正创新，逐步推进涉农金融改革，为推动农业企业高质量发展、提高农业综合生产力提供有力支撑。

产业振兴是实现乡村振兴高质量发展的关键，期货作为要素配置的市场机制，融入了乡村产业发展全链条。经过 30 多年的探索，我国期货市场已经发展成为覆盖期货和期权、商品和金融、场内和场外、境内和境外的多元化开放市场。中国期货业协会数据显示，2023 年我国期货市场规模稳步扩大，交易品种 121 个，全年累计成交额超过 500 万亿元，创历史新高。我国已上市的农产品期货占上市期货品种数量的近一半，覆盖了粮棉油等农产品系列。农产品增值的重要途径是标准化，期货标准能够引导种植加工品质优化提升，带动农民增收和产业升级。随着我国涉农期货期权品种的日渐丰富，行业业务模式推陈出新，期货工具在稳定农产品价格预期、引导农业供给侧结构性改革、保护农业经营主体收

[①] 梁建峰，博士，中山大学岭南学院副教授。研究方向：金融工程与金融风险管理。

益等方面发挥了更为积极的作用。

近年来，我国期货行业的"期货＋"业务模式不断创新，服务国家产业高质量发展战略。2023 年是"保险＋期货"模式试点的第 9 年，共有 93 家期货公司通过"保险＋期货"模式为生猪、玉米等 18 个涉农品种提供风险管理服务，服务乡村振兴，助力农业农村产业升级。与此同时，行业不断探索金融市场全流程、全要素综合服务农业生产体系，有效衔接银行、保险、期货多方金融市场主体，提供"一站式"风险管理服务。

二、"保险＋期货"模式创新

"保险＋期货"业务模式是我国独创的保障农民收入的金融创新项目，该模式融合期货行业的专业优势与保险行业的渠道优势，打通了农业经营主体通过期货衍生品规避农产品价格风险的渠道。2015 年，大连商品交易所率先推出玉米"保险＋期货"业务，保险公司、期货公司、农业生产者和农业经营者是关键参与者。农业生产经营者向保险公司购买期货价格或收入保险产品，保险公司向期货公司购买场外期权转移价格风险，期货公司再利用期货市场进行风险对冲，进而形成风险分散、各方受益的闭环。期货和保险结合起来，发挥了期货的风险管理功能，实现了金融服务实体经济的职能。

传统的"保险＋期货"业务模式在飞速发展的同时遇到一些问题。首先是保费来源问题，保费的主要来源包括交易所补贴、地方政府补贴、农民和合作社自筹资金。如果没有其他资金的支持，农民及合作社参与积极性将显著降低。其次传统模式中的保险是对销售价格的保险，但影响农民收入的不只是产品价格，更多的还是自然气候对产销量的影响，单纯的价格保险很难保证农民收入的稳定性。

行业各主体在"保险＋期货"模式上持续探索，不断丰富"期货＋"模式的内涵和外延，尝试多种工具的组合创新。例如，保费补贴逐步扩展为"政府＋农户＋交易所"保费多方共担的结构，并通过阶梯补贴等方式促进农民参与，保障农户权益。保险对象从单一价格保险过渡到价格、产量风险同时考虑，衍生出更具保障内涵的收入险。保障范围也由最初的种植领域拓展到价格风险更为突出的养殖等行业。在"保险＋期货"发展的基础上，行业还创新了"保险＋期货＋银行＋商贸企业"等"一站式"服务模式，金融市场服务乡村产业振兴战略的方式和路径由此得以拓展。

三、"期货 +"创新模式实践

（一）"保险 + 期货"的阶梯财政补贴实践

广东是生猪生产消费大省，广州地处粤港澳大湾区核心，近年来出台了一系列产业支持政策，推动技术、模式的深刻变革，为产业高质量发展提供了强大的支撑。2023 年以来，生猪价格持续低迷，生猪行业经历长达半年的亏损期。广州市相关部门印发《广州市政策性生猪期货价格保险财政补贴方案（试行）》，明确广州市市、区两级财政对政策性生猪期货保险保费会根据生猪期货市场变化，目标价格以生猪期货价格为准被划分为三个区间，分别给予不同比例的财政补贴。

该方案以期货价格为价格基准，降低了理赔难度，提升了风险管理的有效性；同时充分发挥期货市场价格发现功能，引导养殖户关注期货价格趋势，增强其生产经营的稳定性。该方案采用阶梯财政补贴政策，避免了财政补贴"一刀切"。在生产经营亏损情况下，通过提高保费补贴比例，鼓励生猪养殖主体主动采取"保险 + 期货"金融工具减少损失；在生猪期货价格较高时，降低补贴比例，可以节约财政资金，提高财政资金绩效，改善高补贴依赖性。

这一模式的长效可持续发展离不开地方政府的引导和推动。地方政府通过加大政策扶持力度，强化业务监管，可有效引导生猪养殖户参与，增强生猪养殖抗风险能力，探索现代农业高效发展的新型道路。

（二）"期货 6+"一站式金融服务实践

河南省内乡县是全国粮油大县，花生是其主要经济作物之一，也是产业主体的重要收入来源。2023 年，内乡县人民政府联合新湖期货公司开展了"新农村经营主体 + 银行 + 保险 + 期货 + 订单收购 + 含权贸易"（以下简称"期货 6+"）全链条创新服务，帮助农民实现"种植有钱、保价优价、销售通畅"的目标。该模式探索金融市场全流程、全要素综合服务农业生产体系，有效衔接银行、保险、期货多方金融市场主体，为基层农户提供"一站式"风险管理服务。

"期货 6+"业务流程贯穿播种、种植、收割及销售整个链条。播种前以"银行授信 + 保险 + 期货"模式推动银行的普惠贷款到位，支持农户参与"保险 + 期货"项目的保费支出。种植期保证跌价保险覆盖到位。农户确定种植面积后，购买价格保险产品，对花生亩产价格进行保险。保险公司则运用期货工具转移保险风险。收割期进一步采用"订单收购 + 含权贸易"模式开展现货订单收购。收割后通过银行共管账户模式将收购的花生现货对接到下游厂商。

这一创新设计融合了多种模式，成效显著。"银行授信＋保险＋期货"同时实现保价增效与减产损失的补偿，项目初次尝试即惠及 7 个乡镇 7029 农户，脱贫户占比 37.6%。"订单收购＋含权贸易"顺畅衔接进入项目后端，将风险转移和控管模式向下游覆盖，帮助农户在解决库存价格风险的同时增加额外收入。银行"共管账户"系统有效地实现了专款专用、多方监管，保证订单资金及银行贷款资金流转安全、使用路径专一，丰富银行对资金贷后监管手段，切实保护双方合法权益，提升风险处置机制效率。

四、结论

"期货＋"模式的持续创新发展依赖于三个市场主体——期货交易所提供基础设施、期货交易商实现风险配置以及期货监管者进行适当监管保障。期货交易所提供金融基础设施，丰富创新产品，提高交易效率促进实现时代转型。通过创新型的期货衍生品的设立，更早地获取转型过程中的市场定价权，这也是金融促进产业高质量发展的关键力量。期货交易商是期货市场参与的主体，是衍生工具的专家。期货交易商通过深度参与期货和现货市场，为市场提供充足的流动性，架起金融和实体的桥梁。期货交易商通过标准化的基础金融工具和衍生品组合，解决不同企业主体的差异化风险管理需求。与此同时，科学适度的监管才能促进"期货＋"模式创新过程中既保证风险管理的灵活性，又不增加风险管理活动的次生风险。

农业高质量发展孕育着高成长性的金融需求，同时将成为坚持金融服务实体经济新的着力点。期货与衍生品市场作为金融体系的重要组成部分，贯穿产业链、服务链、生态链，可引导实体企业合理配置资源，实现可持续发展。期货市场对服务经济高质量发展、助力农业产业升级具有重要意义。

金融市场稳定助力经济高质量发展

——基于金融风险管理的视角

玄宇豪 [①]

一、引言

在当前全球经济格局动荡不安、不确定性因素增加的背景下，中国正处于实现经济高质量发展的关键时期。习近平总书记强调，"我国经济已由高速增长阶段转向高质量发展阶段，正处在转变发展方式、优化经济结构、转换增长动力的攻关期。"为贯彻落实习近平新时代中国特色社会主义思想、加快推动经济高质量发展，金融市场的稳定与完善具有其必要性与关键性。作为现代经济的核心、经济运行的重要支撑，金融的安全稳定不仅关乎金融机构和投资者的利益，更关乎整个经济体系的安全和健康。因此，加强金融风险管理，提高金融市场的稳定性和健康发展水平，对于推动中国经济实现高质量发展具有重要意义。

随着金融业务的创新和金融市场的不断发展，金融风险也日益复杂多样化。金融风险不仅源于市场风险、信用风险和操作风险等传统风险，还包括个人与机构投资者的交易行为和社交媒体等新兴风险因素。个人投资者作为金融市场的重要参与者，其交易行为的合理性和稳定性直接影响着市场的平稳与健康（胡聪慧等，2015）。机构投资者掌握着市场上大量且集中的资金流，其不当投资交易势必对市场风险产生重要影响。而社交媒体的兴起为信息传播方式的变革提供了机遇，同时也可能加剧谣言、不实信息的传播，对金融市场产生负面影响（孙鲲鹏等，2020）。因此，探讨散户交易、机构投资者交易和社交媒体对金融风险管

---

① 玄宇豪，博士，中山大学岭南学院助理教授。

理的影响，分析其对金融稳定和经济高质量发展的作用，具有重要的理论和现实意义。

本文旨在从个人投资者交易、机构投资者交易和社交媒体对金融风险管理的影响入手，结合当前金融市场的现实情况，探讨金融稳定发展及金融监管和实践，从而为推动经济高质量发展、实现中华民族伟大复兴贡献力量。

二、金融市场稳定和高质量发展

金融市场的稳定是实现经济高质量发展的重要基础和保障。一个健康、稳定的金融市场能够有效配置资源、优化资本配置、推动技术创新和产业升级，从而促进经济的可持续发展。在中国，金融市场的稳定与经济高质量发展的关系尤为密切，具体体现在以下几个方面：

第一，金融市场的稳定能够有效支持实体经济的发展。金融市场作为资源配置的重要平台，通过股票市场、债券市场等融资渠道为企业提供资金支持，推动企业的创新和发展。在一个稳定的金融市场环境中，企业能够获得稳定、优质的融资，进行长期投资和研发，从而提升竞争力和生产效率，推动经济高质量发展。反之，将会限制企业的发展潜力，阻碍经济的高质量发展。

第二，金融市场的稳定是资源有效配置的前提条件。在一个稳定的金融市场环境中，资金能够更高效地流向最有生产力的企业和项目，推动经济增长和结构优化。金融市场通过价格信号和风险管理机制，促使资本在各个经济部门之间进行最优配置，从而提高整体经济效率。反之，如果金融市场波动剧烈，资本市场的定价功能和资源配置功能就会受到影响，导致资金无法有效流向高效益部门，阻碍经济的高质量发展。

第三，金融市场的稳定有助于增强投资者信心，促进资本市场健康发展。在一个稳定的金融市场中，投资者能够获得合理的回报，风险能够得到有效控制，从而增强投资者信心，吸引更多的资金进入市场，助力市场流动性的提升和规模的增长，并通过投资者的合理投资来优化资源配置、提高资金使用效率，推动投资标的发展和增长。

第四，金融市场的稳定能够有效防范系统性金融风险，保障经济的稳定运行。系统性金融风险影响整个金融体系的各个主要维度，一旦爆发将对整个经济产生重大影响。稳定的金融市场能够通过健全的风险管理机制和有效的监管制度，及时识别和防范系统性风险，保持金融体系的稳定性和安全性。

第五，金融市场的稳定还能够促进社会财富的增长和分配优化。通过金融市场的有效运行，居民能够实现财富增值，提高生活质量。同时，金融市场还能够通过多样化的金融产品和服务，满足不同群体的投资需求，实现财富的合理分配，促进社会和谐稳定。

综上所述，金融市场的稳定是实现经济高质量发展的重要前提和保障。稳定的金融市场环境不仅能够有效配置资源、助力实体经济、增强投资者信心和防范系统性风险，还能够促进社会财富增长和推动经济结构调整。对于中国这样的发展中经济体而言，保持金融市场的稳定性尤为重要，不仅关系到经济的健康运行，也关系到国家的长远发展战略。通过加强金融市场的稳定性，能够为中国经济的高质量发展提供坚实的基础和保障，实现长期繁荣和可持续增长。

三、金融市场发展中存在的主要风险因素

（一）个人投资者交易与金融风险管理

个人投资者在金融市场中的行为对市场的波动性和稳定性具有重要影响，在中国市场中，个人投资者是市场主流参与者，其交易量占比达 80% 以上。然而，由于其投资行为往往受情绪、信息不对称、金融知识匮乏、有限关注和信念偏误等因素的影响，个人投资者的交易行为可能会加剧市场的波动，增加金融风险（于李胜、王艳艳，2010；许泳昊等，2022；路晓蒙等，2023）。因此，认清个人投资者交易的风险因素并加强风险管理显得尤为重要。

第一，个人投资者的交易行为受情绪影响较大，在中国股市中这一点的表现尤为明显。中国股市的投资者结构中散户投资者所占比重极高，往往由于缺乏理性预期和专业技能，容易受情绪影响而做出非理性决策乃至扩散成整体市场的系统性偏差。在股市的"牛市"和"熊市"中，情绪波动尤为剧烈，投资者的恐慌和贪婪情绪容易引发市场的过度波动。

第二，信息不对称是影响个人投资者交易行为的一个重要因素。在中国金融市场中，一方面，信息披露制度和市场信息透明度仍然存在不足；另一方面，个人投资者的信息感知和获取能力天然偏弱，使散户往往无法准确、全面地了解各方信息，反而更容易受市场传言和不实消息的影响（徐浩峰、侯宇，2012；胡聪慧等，2015）。在这种情况下，散户会将不完整或不准确的信息整合进入投资决策，增加了市场的不确定性和波动性。

第三，由于注意力有限，大多数个人投资者会盲目跟随他人的投资行为，形

成"羊群效应"或群聚而导致市场出现过度波动（冯旭南，2016；许泳昊等，2022）。

（二）机构投资者交易与金融风险管理

机构投资者在金融市场中扮演着举足轻重的角色，与个人投资者相比，其具备更强的资金实力和专业知识，能够进行更加理性的投资决策。然而，在中国金融市场中，机构投资者占比较小，且交易行为同样面临诸多偏误。

第一，机构投资者的交易行为具有高度群聚性，投资时往往伴随"羊群行为"，容易导致市场的系统性风险（许年行等，2012）。在中国，许多机构投资者的投资策略和行为高度相似，特别是在市场出现较大波动时，机构投资者往往会采取一致的交易策略，导致市场波动加剧。例如，在市场下跌时，机构投资者可能会集中抛售资产，导致市场进一步下跌，加剧金融市场的系统性风险。同时，面对当下的优质标的，机构投资者往往蜂拥而上，乃至交叉持股或委托代持，由此导致市场股价波动和风险传染、公司治理监管困境和利益输送（陈新春等，2017）。

第二，机构投资者的高频交易行为可能增加市场的短期波动性。高频交易是指利用先进的计算机技术和算法，在极短时间内进行大量交易。这种交易方式虽然能够提高市场流动性，但也可能导致市场短期波动性的增加。

第三，中国市场中机构投资者的投资视野更加短期，治理参与较低、短期收益关注过强，战略投资者缺失（玄宇豪等，2023）。比如，中国市场中机构投资者往往通过杠杆交易参与市场以放大收益，但同时也放大了风险，尤其是市场不确定性较高时，可能导致巨额亏损并引发连锁风险。同时，中国机构常用的"用脚投票"投资，也不利于市场的高质量、可持续发展，极易造成市场暴跌与散户利益巨大损失。

此外，机构投资者市场占比过低也是当前中国市场中面临的重要问题。过少的机构投资者，使其专业能力难以服务市场并形成规模效应，同时过于单一化的机构类型也致使机构交易的偏误被放大。

（三）社交媒体对金融风险管理的影响

社交媒体的兴起和普及对金融市场产生了深远影响。在中国，随着数字技术的发展，社交媒体已成为人们针对经济社会各方面获取信息、交流观点的重要平台，也因此深刻地影响了金融市场的运行和金融风险的管理。

第一，社交媒体在金融市场中的信息传播速度极快、实时性极强。新闻、评论和分析等信息可以通过社交媒体平台迅速传播，从而影响投资者的决策和市场的预期。特别是在事件性消息或突发事件发生时，社交媒体上的信息传播速度更是迅猛，可能引发投资者短时间过度交易，突发性地恐慌抛售或过度买入，从而导致市场的剧烈波动。在中国，微博、雪球等社交媒体已成为投资者获取信息的重要渠道并基于此进行投资决策。因此，社交媒体虽然能够提高信息效率，但也可能造成市场波动加剧、市场反应过度，影响金融市场的稳定性。

第二，社交媒体上的舆论引导作用不容忽视。在中国，社交媒体上的舆论往往具有强大的影响力，尤其当市场出现剧烈波动时，社交媒体上的舆论往往会对投资者的心理产生重要影响（孙鲲鹏等，2020；吴芃等，2022）。负面的舆论可能引发投资者的恐慌性抛售，导致市场的进一步下跌；而积极的舆论可能引发投资者的乐观情绪，推动市场的进一步上涨。特别是当投资者大量热议或聚焦于某只个股、某个事件时，往往会形成情绪主导或扩散、加剧情绪力量，造成金融市场的情绪波动和市场系统性偏误。

第三，社交媒体上的信息可信度参差不齐，存在谣言和不实信息在社交媒体上迅速传播，可能导致投资者的过度反应、乐观偏误或恐慌性抛售，从而加剧市场的不稳定性（段江娇等，2017；孙鲲鹏等，2020；卢锐等，2023）。此外，一些投资者可能会利用社交媒体发布虚假信息来操纵市场，诱导其他投资者做出错误的投资决策，进而牟取暴利。一些自媒体人士、财经名人和投资"大 V"拥有庞大的粉丝群体，其在社交媒体上的言论和建议往往会引起投资者的强烈关注，带有偏见、极端情绪甚至刻意诱导倾向的言论却最终导致投资者的错误投资，给金融市场的稳定性和风险管理带来了重大挑战。

四、监管措施启示

基于上述分析，监管部门可以分别针对散户、机构投资者的交易及社交媒体信息传播，采取如下监管措施。

（一）针对散户的监管措施

针对散户投资的交易，监管部门可在三个方面进行监管强化：

第一，为管理散户的情绪驱动型交易行为，监管部门应强化资本市场基础制度建设，同时加强投资者教育和引导，提升投资者的专业知识水平和理性投资能力。此外，监管部门还可以加强对投资者的风险意识培养，如强制定期进行风险信息披露和风险案例学习，鼓励投资者根据自身的投资目标和风险承受能力进行投资。

第二，监管部门应不断优化金融市场信息披露制度，规范信息披露行为，监管并大力处罚信息操纵与虚假披露，提高信息披露的质量和透明度。此外，监管部门还可以主动建立市场层面的官方数字化披露平台，实时、高效、全面地汇总、筛查、过滤并公开、传播、警示相关信息，促进市场的公平交易。

第三，监管部门可加强对投资者行为的监测和分析，及时发现和纠正非理性的交易行为。例如，可以利用大数据和人工智能技术，对市场数据进行分析和挖掘，发现市场中的"羊群效应"和跟风行为，及时采取措施加以引导和纠正，乃至散户在各投资平台进行超常规交易或对过热个股交易时便基于大数据识别以进行智能警示。

（二）针对机构投资者的监管措施

为应对机构投资者交易行为带来的风险，监管部门可采取以下优化和完善的措施：

第一，制定高频交易专门法规。针对高频交易的特殊性，制定专门的监管法规，明确高频交易的合法性和监管要求；设置交易速率限制，要求高频交易机构提高交易透明度，公开算法和交易策略，防止滥用高频交易技术扰乱市场秩序。

第二，进行监管科技创新，对机构高风险交易进行监督和预警。例如，利用区块链技术对机构投资者的股权嵌套进行穿透式监管，并对关联性机构的集群性投资进行识别和监管。

第三，推动机构投资者多样化和长期化。鼓励不同类型的机构投资者进入市场，推动投资策略和风格的多样化，并通过政策引导和市场培育增加机构投资者资金使用的长期性。例如，鼓励养老金、保险资金等长期资金参与市场投资，增加市场的稳定性和长期性。

第四，加强信息披露和透明度。要求机构投资者定期披露其投资策略、风险管理措施和交易活动，增强市场的透明度。通过信息披露，增加市场参与者对机构投资者行为的了解，减少信息不对称，降低市场风险。例如，要求机构投资者披露其持仓情况、交易策略和风险控制措施，增加市场透明度，增强投资者信心。

（三）针对社交媒体的监管措施

针对社交媒体，监管部门可采取以下治理措施：

第一，加强信息监管。监管部门应加强对社交媒体信息的监管，一方面规范信息发布行为，减少谣言产生；另一方面健全信息审核与识别，及时发现和阻断不实信息的传播。尤其对社交媒体中"网红"和"大 V"的财务投资建议强力监管，建立事前许可和事后追责机制。

第二，提高投资者警觉性。监管部门应加强投资者对社交媒体上信息的辨别能力和警觉性，引导投资者理性对待，避免盲目跟风和恐慌性抛售。引导投资者，尤其是个人投资者，正确认识社交网络中的信息复杂性，强调理性对待社会媒体信息，谨慎地从中学习，尽量识别社交网络中偏见信息的传播，也避免因自身非理性情绪或错误信念而助长偏见信息。

第三，强化正确的舆论引导。监管部门可以利用官方社交媒体加强网络正确舆论的引导和监督，传播正能量，及时发布权威信息，稳定市场预期，减少投资者非理性和偏误的情绪与决策。

五、结论与展望

综上所述，本文从个人投资者、机构投资者和社交媒体的维度讨论了中国金融市场的风险管理和稳定发展，以此推动经济高质量发展。个人投资者的非理性交易行为、机构投资者的风险性交易模式和社交媒体的信息传播对金融市场的波动性和稳定性产生了较大影响，影响了金融市场的风险。为了降低这些风险，监管部门需加强对个人投资者、机构和社交媒体的监管和引导，提高投资者的风险意识和信息辨别能力，促进金融市场的健康发展。

未来，随着科技的不断进步和金融市场的不断发展，投资者交易行为和社交媒体对金融市场的影响将更加凸显。因此，监管部门除了需要不断加强金融市场的监管，引导投资者理性投资、稳健投资，还需要加强对金融科技的监管，防范金融科技创新可能带来的新风险。只有这样，才能够保障金融市场的稳定运行，为中国经济的高质量发展提供坚实的金融支撑。

参考文献

［1］陈新春、刘阳、罗荣华：《机构投资者信息共享会引来黑天鹅吗？——基金信息网络与极端市场风险》，《金融研究》2017年第7期。

［2］丁慧、吕长江、黄海杰：《社交媒体、投资者信息获取和解读能力与盈余预期——来自"上证e互动"平台的证据》，《经济研究》2018年第1期。

［3］段江娇、刘红忠、曾剑平：《中国股票网络论坛的信息含量分析》，《金融研究》2017年第10期。

［4］冯旭南：《注意力影响投资者的股票交易行为吗？——来自"股票交易龙虎榜"的证据》，《经济学（季刊）》2016年第1期。

［5］胡聪慧、刘玉珍、吴天琪，等：《有限注意、行业信息扩散与股票收益》，《经济学（季刊）》2015年第3期。

［6］路晓蒙、王一冰、吴卫星：《传统投资顾问和智能投资顾问：替代还是互补？》，《管理世界》2023年第10期。

［7］卢锐、张亚楠、蔡贵龙：《社交媒体、公司传闻与股价冲击——来自东方财富股吧论坛的经验证据》，《会计研究》2023年第4期。

［8］李凤、吴卫星、李东平，等：《投资者教育发挥作用了吗？——来自公募基金个人投资者调查数据的证据》，《金融研究》2023年第1期。

［9］孙鲲鹏、王丹、肖星：《互联网信息环境整治与社交媒体的公司治理作用》，《管理世界》2020年第7期。

［10］吴芃、陈依旋、顾燚炀：《企业社交媒体会计叙述的印象管理策略及其影响研究——来自微博的证据》，《会计研究》2022年第9期。

［11］许泳昊、徐鑫、朱菲菲：《中国A股市场的"大单异象"研究》，《管理世界》2022年第7期。

［12］徐浩峰、侯宇：《信息透明度与散户的交易选择——基于深圳交易所上市公司的实证研究》，《金融研究》2012年第8期。

［13］玄宇豪、赖黎、巩亚林：《保险机构投资者与公司投资决策》，《会计研究》2023年第3期。

［14］许年行、于上尧、伊志宏：《机构投资者羊群行为与股价崩盘风险》，《管理世界》2013年第7期。

［15］于李胜、王艳艳：《信息竞争性披露、投资者注意力与信息传播效率》，《金融研究》2010年第8期。

金融强国建设与
金融服务实体经济高质量发展

张一林 [①]

2023 年中央金融工作会议指出，党的十八大以来，在党中央集中统一领导下，金融系统有力支撑经济社会发展大局，坚决打好防范化解重大风险攻坚战，为如期全面建成小康社会、实现第一个百年奋斗目标作出了重要贡献。党中央把马克思主义金融理论同当代中国具体实际相结合、同中华优秀传统文化相结合，努力把握新时代金融发展规律，持续推进我国金融事业实践创新、理论创新、制度创新，奋力开拓了中国特色金融发展之路。

一、中国已是金融大国，但需要加快建设成为金融强国

金融是国民经济的血脉，是国家核心竞争力的重要组成部分。改革开放以来，在服务国民经济发展的过程中，我国金融体系逐渐完善，并且根据各项主要指标，我国已然成为金融大国。

第一，我国已经形成了覆盖银行、证券、保险、基金、期货等领域，种类齐全、竞争充分的金融市场体系。截至 2023 年 12 月末，我国银行业金融机构达到 4490 家，其中政策性银行 2 家、开发性银行 1 家、国有大型商业银行 6 家、全国性股份制商业银行 12 家。此外，还包括城市商业银行、农村商业银行、新推公司、农村合作银行、农村信用社、村镇银行、民营银行、金融租赁公司等多类型金融机构。除银行业金融机构外，我国共有证券公司 146 家、保险公司 238 家、

---

① 张一林，金融学博士，中山大学岭南学院教授、博士生导师，中山大学高级金融研究院副院长，中山大学经济与管理学部办公室主任。

公募基金管理机构 148 家、期货公司 150 家。

第二，我国金融市场规模全球领先。截至 2024 年，我国拥有全球最大的银行体系，全球第二大股票、保险和债券市场，并且持有 3.20 万亿美元的外汇储备，稳居全球第一。

第三，我国金融国际化进程已取得不少成就。2016 年，人民币正式加入国际货币基金组织特别提款权（SDR）货币篮子，成为国际储备货币。2018 年，中国 A 股被纳入 MSCI 新兴市场指数和全球基准指数（ACWI）。截至 2021 年年底，中国债券被纳入彭博巴克莱全球综合指数、摩根大通全球新兴市场政府债券指数、富时世界国债指数全球三大债券指数。同时，资本市场双向开放稳步推进，逐步启动沪深港通、沪伦通，内地与香港债券通、互换通。截至 2023 年 9 月末，共有来自 52 个国家和地区的 202 家银行在华设立了机构，2020 年至 2023 年 9 月末，在华外资银行增（注）资总计达 187.3 亿元。

值得注意的是，虽然我国已成为金融大国，但从多个方面来看，我国仍未建设成为金融强国。

我国与金融强国的距离首先体现在人民币国际影响力有待进一步提升上。根据环球银行金融电信协会（SWIFT）数据，截至 2024 年 3 月，人民币在全球支付市场的占有率排名全球第四，仅为 4.69%，相比之下，美元为 47.37%、欧元为 21.93%、英镑为 6.57%。根据国际货币基金组织（IMF）数据，截至 2023 年第四季度，全球各国外汇储备中，人民币仅占 2.12%，而美元占 54.22%。

人民币国际影响力背后反映的是我国的金融国际竞争力。根据瑞士洛桑国际管理学院（IMD）2023 年发布的《全球竞争力报告》，我国在全球竞争力的总体排名在 64 个经济体中居 21 位。但具体来看，我国的金融竞争力在 64 个经济体中仅排第 28 位，在一定程度上体现出我国金融国际竞争力的客观实际情况。此外，金融国际竞争力也可以通过国际金融话语权这一维度进行衡量，然而目前我国国际金融话语权并不高，如国际信用评级定价权、国际大宗商品定价权以及以国际资金清算系统（SWIFT）为代表的国际结算系统基本掌握在西方发达国家手中。

2023 年召开的中央金融工作会议首次提出"加快建设金融强国"的目标，提出要清醒地认识到当前我国金融领域各种矛盾和问题相互交织、相互影响，有的还很突出，经济金融风险隐患仍然较多，金融服务实体经济的质效不高，金融乱象和腐败问题屡禁不止，金融监管和治理能力薄弱，这些薄弱环节意味着我国金融体系仍存在监管不协调、结构不合理和发展不全面的问题。金融强国一定是金融安全得到充分保障，并且统筹发展和安全，牢牢守住不发生系统性金融风险的底线。因而，为有效推进金融强国的建设，应重视金融领域的风险防范化解，不断完善金融市场参与机构之间用于支付、清算、结算、存管等各类金融活动的基础性公共服务系统。

二、建设金融强国应在金融服务实体经济的过程中实现

为实体经济服务是金融的天职，服务实体经济为金融业立业之本。金融强国一定是经济强国，金融强国的建设离不开实体经济的坚实基础，金融服务实体经济的过程，实际上也是服务自身发展的过程，因此金融强国的建设必须以服务实体经济为出发点和落脚点。2023年召开的中央金融工作会议强调，必须坚持党中央对金融工作的集中统一领导，坚持以人民为中心的价值取向，坚持把金融服务实体经济作为根本宗旨，坚持把防控风险作为金融工作的永恒主题。

更高质量地服务于实体经济以推进金融强国的建设，就要切实加强对重大战略、重点领域和薄弱环节的优质金融服务，巩固实体经济发展基础，增强发展后劲。始终保持货币政策的稳健性，注重跨周期和逆周期调节。持续完善金融有效支持实体经济的体制机制，着力打造现代金融机构和市场体系，疏通资金进入实体经济的渠道。而疏通渠道离不开融资结构的优化与资本市场枢纽功能的更好发挥。资本市场作为连接实体与资本的纽带，以股票发行注册制改革为龙头的新一轮资本市场全面深化改革和多层次资本市场的构建与完善能够促进金融资源的高效配置，为企业提供更多的融资渠道。与此同时，中央金融工作会议提出了"完善机构定位"这一部署，现代金融体系一定是对机构的职责定位、目标功能有更加明确的界定。因此，国有大型金融机构要从目前的"大"转向做优做强，同时要履行好国有金融企业的担当和使命，当好服务实体经济的主力军和维护金融稳定的压舱石，区域中小金融机构等不同区域、类型金融机构也要坚守主责主业，做精做强。

此外，为全面加强金融监管，防范化解金融风险，第一，要重点关注会议中强调的中小金融机构、地方政府债务、房地产风险这三类风险监管及防范化解工作。在处置过程中，既要稳妥处置重点区域和重点机构风险，加强央地协同监管，落实属地责任；又要防止"一刀切"等处置方法。第二，要通过加强金融监管信息共享与健全监督责任落实制度等手段建立应对风险早识别、早预警、早暴露、早处置的金融风险早期纠正机制，做到及时发现风险、及时提示和处置风

险。第三，要完善处置风险的长效机制，推动中国特色现代金融企业制度与金融监管体制机制的深层次改革。

党的二十大报告提出，要着力提升产业链供应链韧性和安全水平。产业链供应链是现代经济的重要形态，其韧性和安全水平反映一国经济抵抗风险能力的大小，对现代化经济体系运行具有重要意义。产业链供应链安全稳定是推动高质量发展的重要支撑，加快产业技术进步、推动产业结构优化升级都需要以产业链供应链的安全稳定为基本条件。产业链供应链安全稳定也是构建新发展格局的重要基础，经济循环畅通需要各产业有序连接、高效畅通，同样也离不开产业链供应链的安全稳定。

因此，金融要更好地服务于实体经济，就要更好地支持形成自主可控、稳定畅通、安全可靠的产业链供应链。要充分发挥金融在推进关键核心技术的突破和发展、提升产业链供应链现代化水平与提高产业链供应链竞争力中的重要作用。通过多种方式加大资金支持力度与明确针对关键核心技术领域的优先支持方向；推动多元化融资，利用科技贷款、产业引导基金等满足不同类型的科技企业在不同发展阶段的资金需求；不断优化金融服务与风险管理体系，提高对产业链供应链关键环节的支持效率；促进金融与产业链供应链的深度融合，加强产业协同与支持技术转移和成果转化，构建金融科技生态；加强国际合作，通过跨境融资、积极参与国际科技合作项目等多种方式提升我国在全球产业链供应链中的地位和影响力。

三、以金融强国建设为抓手推动经济高质量发展

2023 年中央经济工作会议指出，要以习近平新时代中国特色社会主义思想为指导，全面贯彻落实党的二十大和党的二十届二中全会精神，坚持稳中求进工作总基调，完整准确全面贯彻新发展理念，加快构建新发展格局，围绕推动高质量发展，全面深化改革开放，推动高水平科技自立自强，加大宏观调控力度，统筹扩大内需和深化供给侧结构性改革，统筹新型城镇化和乡村全面振兴，统筹高质量发展和高水平安全，扎实做好经济工作。

高质量发展是全面建设社会主义现代化国家的首要任务，金融要为经济社会发展提供高质量服务，这需要不断深化对金融本质和规律的认识，立足中国实际，走出中国特色金融发展之路。中国特色金融发展之路的基本要义是"八个坚持"，即坚持党中央对金融工作的集中统一领导，坚持以人民为中心的价值取向，

坚持把金融服务实体经济作为根本宗旨，坚持把防控风险作为金融工作的永恒主题，坚持在市场化法治化轨道上推进金融创新发展，坚持深化金融供给侧结构性改革，坚持统筹金融开放和安全，坚持稳中求进工作总基调。"八个坚持"回答了我国金融工作的总体、方向与根本。统筹金融高质量发展与实体经济高质量发展应坚持中国特色金融发展之路，深入推进渐进式金融发展与改革，坚持党管金融，更有效地发挥国有金融资本的作用。

金融系统应进一步优化资金供给结构，为高质量发展营造良好的货币金融环境，强化对科技创新、先进制造、绿色发展和中小微企业及其他国家重大战略的金融支持。加强对货币信贷的总量与结构双重调节，在总量上，利用多种货币政策工具组合保持流动性合理充裕，满足实体经济融资需求；在结构上，加大对重点领域和薄弱环节的支持力度，努力实现市场主体融资成本的持续下降和经济结构的不断优化。

与此同时，要立足于满足经济社会发展和人民群众日益增长的金融需求，切实做好科技金融、绿色金融、普惠金融、养老金融、数字金融五大领域。在科技金融方面，完善金融支持创新体系和金融科技赋能机制，助力基础研究实现创新突破与创新成果充分转化；在绿色金融方面，完善绿色金融体系，不断提升服务绿色产业能力，积极发展碳金融；在普惠金融方面，强化对民营小微企业的金融支持，持续提高金融服务的覆盖率、可得性；在养老金融方面，充分发挥金融的跨期资源配置功能，为人民群众积累养老资产提供优质服务；在数字金融方面，基于数字技术和实体经济融合趋势，探索新服务模式，以更好服务数字经济和实体经济的融合发展。

金融强国的建设与实体经济的发展相辅相成，密不可分。2023 年召开的中央金融工作会议为金融服务实体经济高质量发展指明了方向，做出了诸多重要部署。我们相信，在中央金融工作会议精神的指引下，金融强国建设进程将得到有效推进，金融高质量发展水平会不断提升，我国金融系统持续发展和创新，为实体经济高质量发展提供更加稳固有力的支撑。

第四篇

在发展中稳步提升
民生保障水平

提高公共服务可及性和均等化水平

——以医保和个人创业为例

戴　芸[①]

一、引言

健全基本公共服务体系，提高公共服务水平，增强均衡性和可及性，是增进民生福祉、推进共同富裕的重要工作。提供公共服务可及性和均等化水平不仅直接关系到人民生活品质，还会通过影响劳动力、人才社会性流动，影响个人就业等经济发展的重要问题。

习近平总书记在党的二十大报告中强调，"就业是最基本的民生。强化就业优先政策，健全就业促进机制，促进高质量充分就业。健全就业公共服务体系，完善重点群体就业支持体系，加强困难群体就业兜底帮扶。统筹城乡就业政策体系，破除妨碍劳动力、人才流动的体制和政策弊端，消除影响平等就业的不合理限制和就业歧视，使人人都有通过勤奋劳动实现自身发展的机会。健全终身职业技能培训制度，推动解决结构性就业矛盾。完善促进创业带动就业的保障制度，支持和规范发展新就业形态"。本文基于中国医疗保障体制改革实践，探讨公共服务可及性和均等化的提高，如何破除妨碍劳动力、人才流动的体制和政策弊端，如何促进个人自主选择创业，为就业优先战略的实施提供政策建议。

社会保障制度虽然不是一项直接的产业政策，但它对释放劳动力的生产力和优化资源配置具有举足轻重的作用。Rosen（1986）提出的补偿性工资差别理论认为，劳动者决定是否更换雇主取决于新工作的收益是否高于现有工作的收益。

---

① 戴芸，博士，副教授、博士生导师，现任中山大学岭南学院副院长、中山大学资本市场研究院副院长。

而工作的收益既包含工资收入，也包含非工资的福利因素。在对比新工作和现有
工作的收益时，需要综合考虑工资和非工资福利。例如，在同等工资条件下，无
法提供医疗保险或者所提供医疗保险支付比例较低的新雇主对员工的吸引力就会
下降，即便该员工在该岗位上会有更高的生产效率，福利保障的相对劣势也会
对劳动力的流动性产生阻碍作用，劳动者被锁在原有的工作上形成"工作枷锁
效应"。

创业与受雇就业或务农不同，是一项具有高风险的投资行为。Johnson（1991）
对美国小企业管理局数据的研究显示了创业项目在开始后的 2~6 年内具有极高的
失败率。由于创业的高风险性，人们在决定是否创业时往往要面临自己和家庭的
背景风险，如健康风险、住房价格风险、支出风险等。其中，医疗支出风险是大
多数家庭不可回避的主要风险之一。因此，医疗保险的可及性和均等化的提高，
能够有效分担人们的医疗支出风险，进而对个人和家庭的风险型创业行为产生
影响。

健全社会保障体系是促进我国共同富裕的重要工作。党的二十大报告指出，
社会保障体系是人民生活的安全网和社会运行的稳定器。健全覆盖全民、统筹城
乡、公平统一、安全规范、可持续的多层次社会保障体系。如图 1 所示，本文基
于我国基本医疗保险改革实践，从三组人群——创业者和非创业者、农村人口和
城镇人口、本地人和流动人口——之间的医保差异，对应于城镇职工基本医疗保
险制度对个体经济的覆盖、城镇居民基本医疗保险和新型农村合作医疗的整合、
异地就医结算政策的推行，讨论医保可及性和均等化水平的提高如何影响个人的
创业决策。

医保服务可及性和均等化水平如何影响个人就业

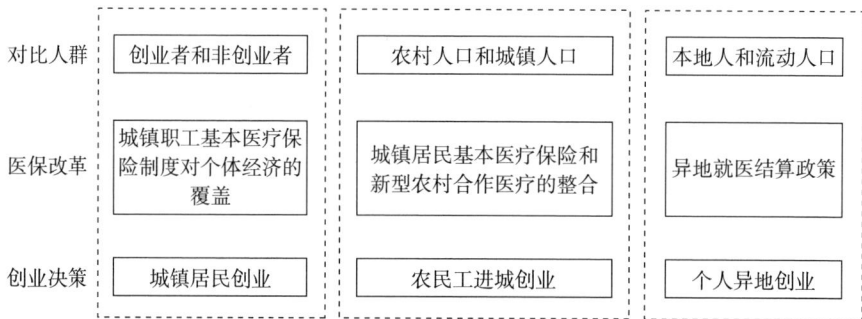

图 1　研究框架

二、医保改革与个人创业

（一）城镇职工基本医疗保险制度对个体经济的覆盖如何促进城镇居民创业

在改革开放之前，中国城镇职工的医疗保险体系主要包括公费医疗制度和劳保医疗制度。随着改革开放的推进，这两种制度逐渐衰落。1988 年 3 月，中国持续已久的医疗体制改革拉开了序幕。1994 年，根据《关于职工医疗制度改革的试点意见》在江苏省镇江市和江西省九江市开始了著名的"两江试点"，并且试点区域逐渐扩大。1998 年 12 月，国务院发布了《关于建立城镇职工基本医疗保险制度的决定》，明确了城镇职工基本医疗保险制度改革的目标任务、基本原则和政策框架，要求在全国范围内建立覆盖全体城镇职工的基本医疗保险制度。其中，关于城镇职工基本医疗保险制度的涵盖范围说明如下："城镇所有用人单位，包括企业（国有企业、集体企业、外商投资企业、私营企业等）、机关、事业单位、社会团体、民办非企业单位及其职工，都要参加基本医疗保险。乡镇企业及其职工、城镇个体经济组织业主及其从业人员是否参加基本医疗保险，由各省、自治区、直辖市人民政府决定。"这表明，自 1998 年我国进行医疗保险制度改革以来，非个体经济从业人员参与城镇职工基本医疗保险由中央政府自上而下地推行，而个体经济从业人员是否参与城镇职工基本医疗保险由地方政府自主决定。

医疗保险制度的改革，特别是对个体经济从业人员开放城镇职工基本医疗保险，对个人创业决策产生了积极影响。改革提高了公共服务的可及性和均等化水平，减少了劳动力和人才流动的政策障碍。具体来说，医疗保险的覆盖面扩大，有助于缓解创业者的资金约束，并通过提高风险分担能力，鼓励个体自主创业。这些改革措施不仅促进了个体的创业活动，也为经济发展注入了新活力。

（二）城镇居民基本医疗保险和新型农村合作医疗的整合如何影响农民工进城创业

我国农村人口数量庞大，从事非农产业的农民工数量接近 3 亿人。截至 2022 年年末，全国农民工总量 29562 万人（见图 2），比 2021 年增长 1.1%；其中，外出农民工 17190 万人、本地农民工 12372 万人。农民工群体的就业问题一直是我国社会经济生活的重要问题之一。

除了种地和外出打工，随着资本的积累和经验的增加，灵活就业的创业形式也是农民工的就业选择之一。

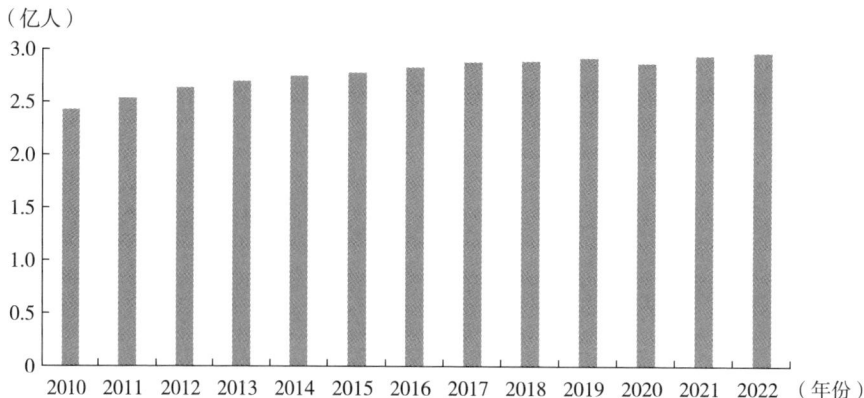

图 2　2010~2022 年我国农民工总量

资料来源：历年《中华人民共和国国民经济和社会发展统计公报》。

相较于农村，城市具有交通便利、基础设施完善、社会资源丰富等优势，因此有些创业项目在城市进行会有更好的发展。当城市创业能够获得的净收益更高时，农民工在城市创业的可能性就会增加。王小龙和何振（2018）实证检验了新农合对农民工自主创业有显著的促进作用，其主要机制在于新农合能够提高农民工的非农风险承担。

2016 年 1 月 3 日，国务院印发《关于整合城乡居民基本医疗保险制度的意见》，提出整合城镇居民基本医疗保险和新型农村合作医疗两项制度，建立统一的城乡居民基本医疗保险。在此之前，部分省份如广东、辽宁、山东开始探索城镇居民基本医疗保险和新型农村合作医疗保险制度的整合。在医保整合前，农民工的医疗费用只能通过新农合报销，若农民工就医地点在城市，则可能面临无法报销或需要回到家乡就医的情况，这一情况给农民工看病带来极大的不便。医保合并后农民工可以在城市缴纳保费、就医报销，该政策带来的便利性降低了农民工创业者在城市生活的成本，从而降低了城市创业的总成本，城市创业的净收益增加，为这些创业者提供了更多的创业选择，这一灵活性促进了农民工的创业决策。

值得注意的是，与城镇职工基本医疗保险向创业人群开放不同，城乡居民基本医疗保险制度的整合不以职业为基础，而是通过降低城乡居民在医疗保障上的差异，提高农民工在受雇工作和自主创业间的流动自主性，再一次证实公共服务改革对就业战略的重要性。

（三）异地医疗结算政策如何影响个人异地创业

我国存在规模庞大的流动人口（见图3）。大规模的人口流动为流入地城市注入了活力，带动了城市消费和财政收入的增长。同时，大量的流动人口也为流入地的公共服务供给提出了可及性和均等化的需求，其中非常重要的一项是流动人口的异地就医需求。异地就医指医保参保人员由于工作等原因，在其医疗保险参保地以外的其他地方参加就医的行为；异地医疗结算则指制定基本医疗保险关系转移接续办法，解流动就业人员基本医疗保障关系跨制度、跨地区转移接续问题。假如一个地区没有实行异地医疗结算政策或不够健全，则异地参保人员将面临看病昂贵、先垫付后回参保地报销、时间周期长等众多难题，给异地工作的人带来了极大不便，同时也增加了人们的医疗卫生支出和时间成本。

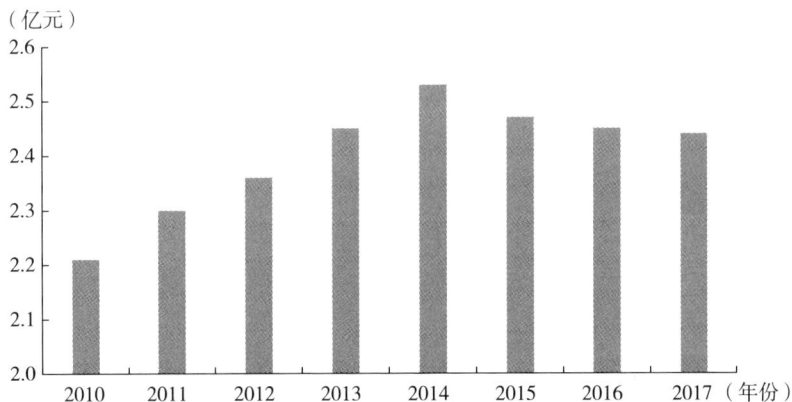

图3 2010~2017年我国流动人口数量

资料来源：《2017年中国流动人口发展报告》。

2009年3月，在新一轮医疗卫生体改中出台的《中共中央 国务院关于深化医药卫生体制改革的意见》最早提出了要认识异地就医问题的重要性。同年12月，《关于基本医疗保险异地就医结算服务工作的意见》为各省、自治区、直辖市开展异地就医结算服务工作提出明确指导意见，拉开了各省份异地医保结算工作的帷幕。在2010年颁布的《中华人民共和国社会保险法》中，第三章第二十九条第（二）款明确规定："社会保险行政部门和卫生行政部门应当建立异地就医医疗费用结算制度，方便参保人员享受基本的医疗保险服务。"这是国家第一次站在法律的角度明确建立异地就医即时结算制度。2014年，在国务院办公厅颁布的《深化医药卫生体制改革 2014 年重点工作任务》中，推进异地就医结算管理被列为当年医改的重点。截至 2014 年 11 月发布的《关于进一步做好基本医疗保险异地就医疗费用结算工作的指导意见》，大多数省份建立了省内异地就医结算平台并开展了直接结算，一些地区还进行了"点对点"跨省结算的尝试。2016 年 12 月，人力资源和社会保障部、财政部联合发布《关于做好基本医疗保险跨省异地就医住院医疗费用直接结算工作的通知》，要求基本医保全国联网和跨省异地就医直接结算工作全面启动。随后，国家异地就医结算系统上线试运行。

政策的实施，特别是对于异地创业者而言，意味着他们可以更加便捷地获得医疗保障，减少了因医疗问题而产生的额外负担和不便。这种政策支持为异地创业者提供了更多的灵活性和稳定性，使他们能够更专注于创业活动，从而有助于促进个体的异地创业决策。

三、结论

实证结果表明，社会医疗保险服务的可及性和均等化水平提高，可以显著促进各类人群的自主创业决策。健全基本公共服务体系，提高公共服务水平，增强均衡性和可及性，可促进劳动力、人才的自由流动，通过加强灵活就业和新就业形态劳动者权益保障，完善促进创业带动就业的保障制度。公共服务可及性和均等化水平提高，不仅可以提高人民生活品质，还可以通过促进创业带动就业，为共同富裕提供经济发展动力。

参考文献：

［1］王小龙、何振：《新农合、农户风险承担与收入增长》，《中国农村经济》2018 年第 7 期。

［2］Johnson M L, "Some Displaced Executives Buy Their Own Franchises", *Investor's Daily*, August 28, 1991.

［3］Rosen S, "The Theory of Equalizing Differences", in Ashenfelter OC, Layard R, eds., *Handbook of Labor Economics*, Vol.1, 1986, pp 641–692.

人口老龄化条件下
基本医疗保险高质量发展研究

孙　翎 [①]

　　人口是基本医疗保险制度运行的基础变量，如何基于我国人口老龄化的现实背景，实现基本医疗保险制度的高质量发展，不仅是关系我国经济社会发展的重大理论议题，也是亟待解决的现实问题。在人口老龄化条件下，基本医保高质量发展目标应当定位于制度设计与人口发展形态的协调性、制度运行的可持续性与统一性。

　　科学厘定长期精算平衡费率、提高生育率以及平衡劳动力转入转出地之间的利益等措施，可以在一定程度上缓解人口老龄化对基本医疗保险高质量发展的负面影响。但医改已经进入深水区，基本医疗保险的高质量发展还需要克服强大阻力，对现有的退休人员筹资机制、"统账结合"模式、就业强关联机制和碎片化管理方式进行改革。

一、人口与基本医保高质量发展之间的逻辑关系

　　2017 年 12 月 18 日，习近平总书记在中央经济工作会议上指出，中国特色社会主义进入了新时代，我国经济发展也进入了新时代，基本特征就是我国经济已经由高速增长阶段转向高质量发展阶段，高质量发展就是从"有没有"转向"好不好"。党的十八大以来，我国医疗保障体系的发展驶入快车道，构建了世界上最大的基本医疗保障体系，解决了全球 19% 人口的健康保障问题，创造

---

① 　孙翎，博士，硕士生导师，中山大学岭南学院副教授。主要研究方向：医疗保险与风险管理。

了人类历史上的医改奇迹（郑功成、桂琰，2020）。在我国现有的医疗保障体系中，开端于 1998 年"两江试点"（江苏镇江、江西九江）的城镇职工基本医疗保险（以下简称基本医保），是我国建立时间最长，基金规模最大的社会医疗保险险种。基本医保制度的建立，解决了我国医疗保障体系"有没有"的问题。经过 20 余年的高速增长，在成就、挑战与问题并存的情况下，基本医保应当从追求覆盖人数和参保率，转向追求服务质量和民生效应，解决"好不好"的高质量发展问题。

从人口与基本医保高质量发展两者之间的逻辑关系来看，参保人既是基本医保制度的缴费者也是受益者，参保人口规模、年龄结构和空间分布将直接影响基本医保的运行质量，因此，制度设计与人口发展形态相互适应是基本医保高质量发展的前提条件，如果制度设计无法适应人口发展的新形态，不仅会导致制度供给与需求错配，无法实现制度设定的目标，还会引发许多负面效应甚至诱发社会冲突（郑功成，2021；陈宁、鲁冰洋，2023）。目前，人口老龄化已成为世界各国面临的共同挑战，我国的人口老龄化问题尤为突出，不仅老年人口规模始终居世界之首，并且老龄化速度显著高于国际平均水准。依据国际通行的人口老龄化程度划分标准[①]，我国 2000 年首次迈入老龄化社会的门槛，2021 年就进入了深度老龄化社会，较联合国《2019 年世界人口展望》预测的深度老龄化社会进入时间提前了 4 年。截至 2023 年底，我国 60 岁以上老年人口数量高达 2.97 亿人，占总人口的 21.1%。从人口老龄化速度的横向对比来看，从老龄化到深度老龄化日本用了 24 年、德国用了 40 年、法国用了 126 年，而我国只用了 21 年。

2021 年 2 月 26 日，习近平总书记主持十九届中央政治局第二十八次集体学习时明确指示，为了促进我国社会保障事业高质量发展、可持续发展，必须研究我国社会保障体系建设存在的问题，明确完善的思路（习近平，2022）。

人口老龄化是我国基本医保制度面临的最棘手问题之一，应关注如何完善基本医保的制度设计，制定合理人口老龄化应对措施，促进基本医保制度设计与人口发展形态的相互适应，实现基本医疗保险制度的高质量发展。

---

① 2002 年联合国经济和社会理事会发布的《老龄化定义和统计指标》对老龄化程度的定义如下：当一个国家或地区 60 岁以上人口比例超过 10% 或者 65 岁及以上人口比例超过 7% 以上，被称为老龄化社会；当一个国家或地区 60 岁以上人口比例超过 20% 或者 65 岁及以上人口比例超过 14%，被称为深度老龄化社会。

二、人口老龄化对基本医保高质量发展的不利影响

（一）长寿化及其不利影响

人口老龄化的直接诱因是长寿化。长寿化是指人口寿命超过预期值，我国人口长寿化趋势非常明显，1998 年基本医保制度初创之时我国人均预期寿命仅为 70.7 岁，2022 年我国人均预期寿命已快速增加至 77.93 岁。世界银行数据显示，以人均收入水平划分，2015 年高收入国家和中上收入国家的人口平均预期寿命分别为 79.28 岁和 74.83 岁，而 2015 年我国人口平均预期寿命为 76.34 岁，已经超过中上收入国家，《"十四五"国民健康规划》预测，到 2035 年，我国人均预期寿命将超过 80 岁。

由于高龄老人比低龄老人具有更高的疾病风险，引发更多的医保支出，长寿化使基本医保覆盖的人群中不仅出现了享受人群相对扩大的趋势，而且这部分人群享受服务的时间越来越长，需要医疗服务越来越多，统筹基金的偿付压力也越来越大。此外，长寿化通常还伴随失能风险，统计数据表明我国 80 岁以上高龄老人的失能和半失能率为 40% 左右，长期护理保险（以下简称长护险）的试点应运而生。尽管长护险定位于独立险种，然而，实际运作中长护险的启动资金和筹资来源均严重依赖基本医保，且在偿付层面医疗护理和基础护理的界限划分也不够清晰，可能导致重复支付。根据《中国老龄产业发展报告（2021~2022）》，截至 2022 年年末，我国 60 岁及以上老年人口达 2.8 亿人，其中半失能、失能和失智老人约 4400 万人，如此巨大的风险敞口将严重威胁基本医保的高质量发展。

（二）少子化及其不利影响

人口老龄化的间接诱因是少子化，即由于出生人口减少，少儿占总人口的比例降低，老人占总人口的比例相对增加。国家统计局的数据显示，2023 年我国出生人口仅为 902 万人，从 20 世纪 90 年代中期开始，我国的总和生育率就开始低于更替水平 2.1，2020 年已经低于国际社会公认的 1.5 警戒线，2022 年下降到极低的 1.07。

由于我国法定最低劳动年龄为 16 周岁，新出生人口最早要 16 年后才进入基本医保体系，少子化对基本医保的影响具有滞后性和隐蔽性。2022 年之前的 20 多年，尽管我国的总和生育率长期低于世代更替水平，但人口总量依然持续保持正增长，为基本医保提供了坚实的参保基础人群，在一定程度上掩盖了少子化对

基本医保的影响。然而，2022 年年末我国人口总量首次出现了负增长，2023 年则延续了负增长态势，且负增长的数量呈明显扩大趋势。当少子化与人口负增长两种趋势相互强化并且恶性循环反复时，就可能使我国长期陷入"人口负增长陷阱"（陈宁、鲁冰洋，2023），撼动基本医保制度赖以存在的人口基数。因此，从长期来看，少子化对基本医保的影响是一个逐渐显化且难以逆转的过程，必须未雨绸缪，予以高度重视。

三、人口老龄化条件下基本医保高质量发展的制度约束

我国人口形势正在发生变化，但社会保障制度并未随之调整（何文炯，2019）。基本医保制度出台于 20 世纪末，与制度设计之初相比，目前我国不仅人口形势发生了巨变，经济和社会环境也发生了翻天覆地的变化，一些基本医保的传统制度设计已经成为高质量发展的制度束缚。

（一）退休人员筹资机制约束

退休人员不缴费筹资机制实施的前提是经济中存在有利的人口年龄结构（汪伟，2012），最理想的是少年儿童人口占主要比重的"金字塔"形结构。与之相悖的是，目前我国的人口年龄结构已经由劳动人口占主要比重的"橄榄"形转向老年人占主要比重的倒"金字塔"形（杨继军、张二震，2013）。

对于严重依赖劳动人口筹资的基本医保制度而言，相较 2022 年出现的总人口数量负增长，更值得关注的是我国劳动年龄人口早在 2012 年就开始出现负增长。2012~2022 年，我国劳动年龄人口占比连续出现下降，这意味着基本医保缴费者的规模和占比早在 10 余年前开始不断减少，统筹基金的筹资能力持续下降，基本医保参保人群的老龄化问题比总人口老龄化来得更早，且更为严峻。换言之，在基本医保制度高速运行 20 多年后，退休人员不缴费的筹资机制与人口发展的新形态出现了严重的错配，亟待进行优化和改革。

（二）"统账结合"模式约束

基本医保实行的是统筹基金与个人账户相结合的"统账结合"模式，即参保人个人缴纳的保费全部进入个人账户，用人单位缴纳的保费一部分划入统筹基金，另一部分划入个人账户，统筹基金由患病的参保人群共同使用，但个人账户仅限个人使用。"统账结合"模式在制度设立之初提高了人民群众的参保积

极性，是结合 20 世纪 90 年代末基本国情创立的具有中国特色的医保基金管理模式。

然而，在人口老龄化的现实背景下，"统账结合"模式的弊端日益凸显，最大的问题是在职人员个人缴纳的保费无法进入统筹基金，用人单位缴纳的保费也有 30% 左右被划到在职人员的个人账户，无法进入统筹基金，此外，还需要从统筹基金中划入一定比例进入退休人员的个人账户，致使综合下来有将近一半的保费无法进入统筹基金，极大削弱了基本医保的互助共济能力（郑功成、桂琰，2020），在实践中出现个人账户资金大量沉淀闲置的同时，部分参保人却因统筹基金保障不足而陷入因病致贫的困境，违背了基本医保制度建立的初衷，不利于基本医保的高质量发展。

（三）就业强关联约束

基本医保制度是一个与就业高度关联的福利制度，参保对象主要是城镇企业、机关、事业单位职工及其退休人员，与用人单位有正规劳动关系的职工依法强制纳入基本医保的保障范围，在职人员个人仅需缴纳少量保费，用人单位缴纳大部分保费，无正规劳动关系的劳动者可以灵活就业人员身份参加基本医保，但存在户籍限制，且需要个人缴纳所有保费。

随着数字经济和零工经济等新兴经济形式的蓬勃发展，借助互联网平台灵活就业成为越来越多年轻人的选择。大数据显示，"90 后"与"00 后"的劳动者中选择灵活就业占比超 50%，快递、外卖、直播等岗位对年轻劳动者的吸引力越来越大，与制造业大量岗位空缺现象形成鲜明对比。互联网平台灵活就业的碎片化、自由化，一方面意味着就业状态的不稳定，难以形成工业化时代权责清晰的劳动雇佣关系（郭林，2023），从业者无法以正式职工的身份参加基本医保；另一方面也意味着收入水平的不稳定，从业者面临更高的失业风险，加上户籍限制，通常也无力以个人身份参加基本医保。因此，在就业强关联的制度约束下，建立在工业化时代的基本医保制度对互联网平台灵活就业的年轻人呈现"失灵"状态。

（四）碎片化管理约束

基本医保的基金管理采用碎片化管理方式，全国被划分成为数众多的统筹地区，每个统筹地区拥有独立的基金管理权，基金的征缴和偿付规定不一，在制度设立之初，行政管辖的独立性在一定程度上鼓励了地方政府推行制度的积极性。

然而，在人口老龄化的条件下，地区分割的碎片化管理给基本医保高质量发展带来了诸多约束，最突出的问题是不利于收支失衡风险的分散。

基本医保统筹基金是所有参保人实现保险共济和抵御疾病威胁的风险池，最优的风险池应该是一种尽量集中化的风险池设计（Smithand Witter，2004）。基于大数定律，当基本医保面临越严重的人口问题时，越是需要拓宽参保人口基数、构建规模更大的统筹基金来分散风险。目前，基本医保多数以市级行政区作为统筹单位，有些地方甚至依然停留在县级统筹层次，风险池过于细小，统筹基金的风险调剂能力弱，在面对人口老龄化的挑战时很难依靠自身力量维持统筹基金的收支平衡。

四、人口老龄化条件下基本医保高质量发展的目标与对策

（一）目标设定

在人口老龄化条件下，基本医保高质量发展的首要目标是实现制度设计与人口发展形态的协调性。基本医保现有的筹资机制、"统账结合"模式、就业强关联机制和碎片化管理，在制度设立之初有一定的合理之处，但如果一直固守与人口老龄化错配的机制设计，无异于刻舟求剑。只有提高工作预见性和主动性，依据人口发展的新形态及时对基本医保制度设计进行调整与优化，才有可能实现基本医保的高质量发展。

维持制度运行的可持续性是基本医保高质量发展的重要目标。当构建制度的人口变量发生根本性逆转时，可持续发展的前提条件是统筹基金的收支平衡，不仅要考虑当期收支平衡，更要重视长期精算平衡。制度运行的可持续性在一定程度上还取决于保障水平的适度性，如果保障水平过高，无论是个人、用人单位还是政府财政都可能不堪重负；如果保障水平过低，则无法完成"病有所医"的制度职责。

提高制度运行的统一性是基本医保高质量发展的另一重要目标。地区分割的碎片化管理违背了保险的基本原理，习近平总书记强调，要坚持社会保障制度的统一性和规范性，各个统筹地区必须树立大局意识，严肃落实制度改革要求，可以允许一定时期内存在区域间社会保障水平上的差异，但不能动摇统一制度的目标（习近平，2022）。因此，基本医保制度必须坚持国家层面的统一规划、统筹协调和统一推进，最大限度增强统筹基金的互助共济能力，才能从人口老龄化的挑战中突围，迈入高质量发展的轨道。

（二）应对策略

我国医改已经进入深水区，破解困境的唯一出路是改革。为了实现高质量发展，基本医保必须持续进行增量改革，同时需要对存量进行结构调整，这必然遇到来自既得利益地区、既得利益群体的强大阻力，能否破除这种阻力是关键所在（郑功成、桂琰，2020）。特别是对于现有退休人员筹资机制和"统账结合"模式的改革，热议的改革措施包括退休人员缴费和取消个人账户，前者涉及退休职工的退休收入，后者则关系所有参保人的切实利益，一旦推出必然引发强烈的民意反弹。因此，在改革措施的推进上，要妥善处理制度优化步伐与参保群众满意度之间的关系，通过将"统账结合"模式下的个人账户资金转化为普通门诊共济基金、设置退休人员差别费率等形式，提高广大参保群众的接受度，减缓改革阻力。

对于新兴就业形态与基本医保的就业强关联机制之间的矛盾，需要完善法理规制。当前，我国劳动法律对于劳动关系的认定仍采用以人身从属性为唯一标准的方式，该认定方式将法律上保护劳动者各种权利的责任全有或全无地施加或豁免于雇主，其中就包括为劳动者缴纳社会保险的责任，显然，这种传统的认定方式无法适应当前互联网灵活就业群体的现实需要。参考德国"类劳动者"主体及意大利"准从属性"劳动者，我国的劳动立法可以考虑采取功能主义的立法模式，在劳动关系认定中除了人身从属性，也应考虑经济从属性，避免"一刀切"的劳动者身份认定方式，从法律上帮助基本医保吸纳年轻的互联网灵活就业群体，改善基本医保参保人群的年龄结构。

对于基本医保统筹基金的地区分割与碎片化管理问题，需要稳步提高基本医保的统筹层次。统筹层次的提高有助于扩大统筹基金的风险池，降低人口老龄化程度加深带来的统筹基金收支失衡风险。从我国的现实情况来看，提高统筹层次的首要目标是全面推进市级统筹。《中华人民共和国社会保险法》第八章第六十四条对社会保险基金统筹问题作出了明确规定："基本养老保险基金逐步实行全国统筹，其他社会保险基金逐步实行省级统筹，具体时间、步骤由国务院规定。"依据该规定，在全面完成市级统筹后，省级统筹应当是提高基本医保统筹层次的现实目标，全国统筹是最终目标。

为应对长寿化给基本医保带来的严峻挑战，需要通过长期平衡费率的科学厘定，才能实现基本医保的高质量发展。从参保个体角度来看，长期平衡费率是指使参保个体在职期间缴纳保险费用足以覆盖其在职期间及退休后的统筹医疗支出的费率；从统筹基金总体来看，长期平衡费率是指在给定的测算时间区间内使参保职工所缴纳的保费总额能够覆盖在职职工与退休职工的统筹医疗支出总和的费率。

应对少子化的主要措施是大力提高育龄妇女的生育率。2023 年，二十届中央财经委员会第一次会议强调，要推动建设生育友好型社会。政府和企业是生育友好的福利供给主体，其中，国家是第一责任主体（穆光宗，2023）。从国家层面来看，提高生育率不是人口管理部门的单一职责，需要疏通适龄人群从婚恋到生育，再到教育的各个障碍，推进人口管理部门与社会保障部门、教育部门、劳动就业部门、住房和城乡建设部门的政策协调，形成政策合力，才能真正降低适龄人群的生育成本。从企业层面来看，需要积极引导企业保护育龄女性职工的生育权，帮助女性职工平衡生育与工作，给予女性更多就业支持与帮扶。

参考文献

［1］郑功成、桂琰：《中国特色医疗保障制度改革与高质量发展》，《学术研究》2020 年第 4 期。

［2］郑功成：《面向 2035 年的中国特色社会保障体系建设——基于目标导向的理论思考与政策建议》，《社会保障评论》2021 年第 1 期。

［3］陈宁、鲁冰洋：《人口负增长趋势下社会保障高质量发展》，《中州学刊》2023 年第 10 期。

［4］习近平：《促进我国社会保障事业高质量发展、可持续发展》，《求是》2022 年第 8 期。

［5］何文炯：《中国社会保障：从快速扩展到高质量发展》，《中国人口科学》2019 年第 1 期。

［6］汪伟：《人口老龄化、养老保险制度变革与中国经济增长——理论分析与数值模拟》，《金融研究》2012 年第 10 期。

［7］杨继军、张二震：《人口年龄结构、养老保险制度转轨对居民储蓄率的影响》，《中国社会科学》2013 年第 8 期。

［8］郭林：《持续推进中国特色社会保障理论与政策研究——中国社会保障研究动态（2022 年）》，《社会保障评论》2023 年第 1 期。

［9］穆光宗：《低生育危机与生育友好型社会构建》，《人民论坛》2023 年第 15 期。

［10］Smith PC, Witter SN, *Risk Pooling in Health Care Financing: The Implications for Health System Performance*, Washington DC:The International Bank for Reconstruction and Development, The World Bank, 2004.

第五篇

加快发展数字经济

数据要素赋能经济高质量发展

曾　燕　王雨濛[①]

随着数字技术的不断发展，数据已逐渐成为推动经济发展的新动力（金骋路、陈荣达，2022）。我国高度重视数据资源在国家发展战略中的重要性。2019 年，党的十九届四中全会首次将数据同土地、劳动力、资本和技术列为生产要素。2022 年，中共中央、国务院印发《关于构建数据基础制度更好发挥数据要素作用的意见》，系统规划数据要素基础制度体系。2023 年，国家数据局等 17 部门联合印发《"数据要素 ×" 三年行动计划（2024—2026 年）》，进一步明确发挥数据要素价值的应用场景，释放数据要素作为新动能的潜力。在此背景下，数据要素究竟如何发挥作用，为我国经济高质量发展提供支撑和动力呢？

习近平总书记强调，走高质量发展之路，就要坚持以人民为中心的发展思想，坚持创新、协调、绿色、开放、共享发展。在这一新发展理念的指导下，数据要素通过激发创新、推动区域协调发展、促进绿色发展、加强内外联动[②]、促进共享发展，为经济高质量发展注入新活力。

一、数据要素激发创新以赋能经济高质量发展

第一，数据要素对产品创新起到推动作用。数据要素通过大数据分析能够强化企业的信息处理和洞察能力，利用多渠道、多维度的数据反馈，实现快速迭代

---

① 作者简介：曾燕，中山大学岭南学院教授、博士生导师，中山大学金融工程与风险管理研究中心主任；王雨濛，中山大学岭南学院博士研究生。
② 习近平总书记强调，开放发展注重的是解决发展内外联动问题，因此本文从加强内外联动的角度来说明数据要素在开放方面赋能经济高质量发展。

和持续调整，促进产品创新（谢康等，2020）。不过，企业直接通过大数据分析实现产品创新的能力，不仅需要企业内部的技术投入，还需要外部环境的支持。一方面，企业要想充分利用大数据分析实现产品创新，需要社会层面的技术基础设施作为支持，如通信网络、电力供应等；另一方面，即使技术基础设施充足，企业所处行业的特殊属性也会对企业利用数据要素带来的好处产生显著影响，如市场需求、竞争状况、行业规则和标准等。

第二，数据要素能够促进知识创新。数据要素的开发利用突破了知识获取在物理、社会和制度层面的约束（Agrawal et al.，2018），有助于新知识的生成与应用。数据要素通过人工智能、深度学习等处理数据的"元技术"（Agrawal et al.，2018），能够提供丰富的信息资源，促进跨学科合作，突破获取知识的传统障碍，对于实现知识创新具有决定性的作用。

第三，数据要素有助于实现协同创新，体现为企业内部和企业间两个方面：一方面，在企业内部，高效利用数据要素可以降低管理和操作成本，使企业得以更有效地管理和扩展其产品线，从而提高企业内部流程的效率（Aghion et al.，2023）；另一方面，企业间数据要素的高效流通，尤其是共享研究过程中的失败信息，可以有效促进企业间的协同创新，减少资源浪费，提高研发效率（Akcigit and Liu，2011）。

二、数据要素流通推动区域协调发展以赋能经济高质量发展

在开发利用数据要素的初期阶段，数据资源的不均衡分配可能会阻碍区域协调发展。一方面，发达地区由于其较强的经济实力和多样化的经济活动，积累了更丰富的数据要素。同时，技术使用能力较强的地区能够获得更大的经济收益（邱泽奇等，2016），充分挖掘数据要素的经济潜力，而这加剧了与欠发达地区的发展差异，阻碍了区域协调发展。另一方面，数据要素具有规模报酬递增的特征，意味着数据要素的叠加融合可以放大其经济价值（陈晓红等，2022）。数据要素集聚的区域通常能够发挥更强的数据要素使用优势（Buera et al.，2022），从而拉大区域间经济发展差距。

不过，随着数据要素的流通、开放和共享，区域经济发展差距逐渐缩小。数据要素流通可以使企业的产品更新换代逐渐向周边区域扩散，促进周边区域的经济增长，有效缩小区域经济发展差距。公共数据开放发挥的作用更为明显，这是因为政府提供的高质量数据可以降低市场微观经济主体信息搜寻、处理与验证的

成本（Goldfarb and Tucker，2019），提高数据要素的可用性和透明度。方锦程等（2023）的研究进一步证实，公共数据开放能够通过破除信息壁垒，缩小不同区域之间的资源分配差异，从而推动区域经济的协调发展。

三、数据要素促进绿色发展以赋能经济高质量发展

一方面，数据要素推动传统产业升级转型，为绿色发展奠定了基础（许宪春等，2019）。在农业领域，数据要素通过优化生产要素配置、提高农业生产效率，推动农业向数字化、智能化方向转型升级（谢康等，2022）。在制造业领域，制造业企业通过获取和整合设备性能、生产效率、产品质量等生产数据，实现生产过程的可视化管理，及时识别并修正生产过程中的错误，降低生产成本，提高制造业企业的生产效率（张灵等，2024）。同时，数据要素的开发利用能够在一定程度上减少资源能耗，提高制造业企业的资源利用率。例如，在沙钢集团的智能化项目中，数据要素通过优化生产过程和能源使用效率，实现了更高的资源利用率和能源节约。数据显示，该项目建成实施后，生产效率提高了31.5%，单位产值能耗降低了19.7%。[①]

另一方面，数据要素推动共享平台的兴起，促进了绿色发展。共享经济平台通过数据的精准分析和管理，可以更有效地利用现有资源，减少资源浪费和消耗（许宪春等，2019）。例如，哈罗单车等共享单车服务能够减少城市交通拥堵，促进城市绿色出行。又如，滴滴出行等平台通过对用户交通需求、交通情况、地理位置等数据的分析，优化行车路线，降低车辆空驶率，降低车辆的燃油和碳排放，为绿色发展贡献力量。

四、数据要素流通加强内外联动以赋能经济高质量发展

一方面，数据要素在全球价值链中促进国际贸易与投资。数据既是交易的资产，也是服务提供的媒介，还是贸易便利化和自由化的重要组成部分（González and Jouanjean，2017）。数据要素通过全球价值链（GVCs）协调国际生产过程，降低国际贸易和投资的门槛，助力中小企业进入全球市场（Casalini

---

[①] 《钢铁行业如何做好"十四五"数智化转型？》沙钢集团，http://www.sha-steel.com/doc/2021/01/13/13507.shtml，2021年1月13日。

and González，2019）。数据要素流通使生产过程得以跨越国界进行分工和优化（Mattoo and Meltzer，2019）。企业能够根据不同国家和地区的比较优势，在全球范围内最合适的地点安排生产活动中的各个环节，提高全球生产效率，促进经济全球化和国际贸易的发展。

另一方面，跨境数据流动能够提升国际市场的联通性。跨境数据流动使我国能够利用全球的数据资源和先进的数据分析技术，缩小与发达国家的技术差距，推动国内创新，提高产品与服务质量，支持企业国际市场拓展。同时，数据要素能够促进贸易自由化（Chang et al.，2023）。跨境数据流动使原始数据转化为工作数据，可被国内外企业同时使用。这种互动加深了国内外经济活动的联系，促进了国际市场的互联互通。

五、数据要素促进共享发展以赋能经济高质量发展

数据要素可通过劳动力市场、精准公共政策两个方面来促进共享发展。一方面，数据要素改变了劳动力市场的需求结构，为高技能劳动力创造了新的就业机会；另一方面，数据要素推动公共政策的精准化。基于对数据的深入分析，政府可以有针对性地制定政策和调整资源配置。例如，使教育、医疗和社会保障等公共服务更有效地服务需要帮助的人群，让人民群众共享发展成果。

其中，收入分配是实现发展成果由人民共享最重要、最直接的方式[1]，而数据要素参与收入分配的问题与数据要素的确权问题紧密相关。一方面，需要确保数据的公平获取和合理利用。数据产权模糊的问题使监管部门无法有效实施相应措施，类似非法采集、非法买卖数据的市场乱象时有发生（刘涛雄等，2023）。数据要素因其自身的非竞争性（Jones and Tonetti，2020）、部分排他性、规模报酬递增（Carrière-Swallow and Haksar，2019）、外部性（蔡跃洲、马文君，2021）的特殊性质，使其确权问题无法直接使用其他生产要素的确权方法（刘涛雄等，2023）。另一方面，需要规范数据的使用和保护。数据要素的滥用或泄露可能会对个人隐私和社会稳定造成不利影响，阻碍数据的合理利用和共享。因此，建立健全的数据保护法律法规和数据安全体系，加强对数据的监管和管理，可以有效保障数据的安全与合理利用。

---

[1] 《习近平新时代中国特色社会主义思想学习纲要（13）》，人民日报，http://www.71.cn/2019/0807/1053392.shtml，2019 年 8 月 7 日。

六、结语

习近平总书记强调,"要构建以数据为关键要素的数字经济"①。以习近平同志为核心的党中央肯定了数据要素已成为赋能经济社会高质量发展的关键动能,并强调要充分发挥数据要素的作用,释放数据要素潜能。本文从经济高质量发展的内涵出发,以创新、协调、绿色、开放、共享的新发展理念为视角总结了数据要素如何赋能经济高质量发展,展现了数据要素在经济发展中的多重价值和潜力。具体而言,第一,数据要素能够促进知识创新、协同创新和产品创新;第二,数据要素的流通推动区域经济的协调发展,能够缩小区域间的发展差距;第三,数据要素促进绿色发展,推动传统产业升级转型,减少资源浪费,提高生产效率;第四,数据要素流通能够加强内外联动,促进国际贸易与投资,提升国际市场的互联互通;第五,数据要素可以促进共享发展,推动社会公平与包容。然而,在现阶段,数据要素的发展还面临一些挑战,如数据要素的确权尚不明晰等。未来要进一步深化对数据要素重要性的认识,充分利用数据要素的优势,加强创新驱动,促进区域协调发展,推动绿色发展,加强内外联动,推动广大人民群众共享数字经济发展红利。通过政府、企业和社会各界的共同努力,加强跨部门和跨行业的合作,共同推动数据要素赋能经济高质量发展。

参考文献

[1]蔡跃洲、马文君:《数据要素对高质量发展影响与数据流动制约》,《数量经济技术经济研究》2021年第3期。

[2]陈晓红、李杨扬、宋丽洁,等:《数字经济理论体系与研究展望》,《管理世界》2022年第2期。

[3]方锦程、刘颖、高昊宇,等:《公共数据开放能否促进区域协调发展?——来自政府数据平台上线的准自然实验》,《管理世界》2023年第9期。

[4]金骈路、陈荣达:《数据要素价值化及其衍生的金融属性:形成逻辑与未来挑战》,《数量经济技术经济研究》2022年第7期。

[5]刘涛雄、李若菲、戎珂:《基于生成场景的数据确权理论与分级授权》,《管理世界》2023年第2期。

---

① 《习近平:实施国家大数据战略加快建设数字中国》,新华网,http://www.xinhuanet.com/politics/2017-12/09/c_1122084706.htm,2017年12月9日。

［6］邱泽奇、张树沁、刘世定：《从数字鸿沟到红利差异——互联网资本的视角》，《中国社会科学》2016 年第 10 期。

［7］谢康、夏正豪、肖静华：《大数据成为现实生产要素的企业实现机制：产品创新视角》，《中国工业经济》2020 年第 5 期。

［8］谢康、易法敏、古飞婷：《大数据驱动的农业数字化转型与创新》，《农业经济问题》2022 年第 5 期。

［9］许宪春、任雪、常子豪：《大数据与绿色发展》，《中国工业经济》2019 年第 4 期。

［10］张灵、冯科、孙华平：《制造业企业数据价值释放：效应与机制》，《系统工程理论与实践》2024 年第 1 期。

［11］Aghion P, Bergeaud A, Boppart T, et al. A Theory of Falling Growth and Rising Rents［J］. Review of Economic Studies, 2023, 90(6): 2675–2702.

［12］Agrawal A, McHale J, Oettl A. Finding Needles in Haystacks: Artificial Intelligence and Recombinant Growth［R］. NBER Working Paper, 2018.

［13］Akcigit U, Liu Q. The Role of Information in Competitive Experimentation［R］. NBER Working Paper, 2011.

［14］Buera F J, Kaboski J P, Rogerson R, et al. Skill-Biased Structural Change［J］. Review of Economic Studies, 2022, 89(2): 592-625.

［15］Carrière-Swallow Y, Haksar V. The Economics and Implications of Data: An Integrated Perspective［R］. IMF Departmental Papers / Policy Papers, 2019.

［16］Casalini F, González J L. Trade and Cross-Border Data Flows［R］. OECD Trade Policy Papers, 2019.

［17］Chang Q, Cong L W, Wang L, et al. Production, Trade, and Cross-Border Data Flows［R］. NBER Working Paper, 2023.

［18］Goldfarb A, Tucker C. Digital Economics［J］. Journal of Economic Literature, 2019, 57(1): 3–43.

［19］González J L, Jouanjean M-A. Digital Trade: Developing a Framework for Analysis［R］. OECD Trade Policy Papers, 2017.

［20］Jones C I, Tonetti C. Nonrivalry and the Economics of Data［J］. American Economic Review, 2020, 110(9): 2819–2858.

［21］Mattoo A, Meltzer J P. International Data Flows and Privacy: The Conflict and Its Resolution［J］. Journal of International Economic Law, 2018, 21(4): 769–789.

平台经济驱动下的高质量发展：
中国的机遇与挑战

陈斯维 [①]

一、引言

在当前经济全球化的大潮中，数字化转型已成为不可阻挡的全球趋势。平台经济作为这一转型的核心驱动力，正在给传统的生产、分配、交换和消费模式带来革命性的变革。对于中国这样的经济体来说，平台经济不仅是实现高质量发展的有效途径，更是一个至关重要的战略机遇。

平台经济通过整合在线资源，为企业提供了开放、共享的创新环境，极大促进了资源的高效配置和利用。在这一模式下，小微企业和创业者能够借助平台的力量，与更广泛的市场接轨，实现快速成长，从而激发市场活力、促进就业、推动经济结构优化升级。同时，平台经济的发展也为制造业的转型升级提供了新方向，通过捕捉消费者需求，实现个性化定制和灵活生产，提升产品附加值和市场竞争力。此外，平台经济的数据驱动特性，使企业能够更精准地进行市场定位和决策分析，降低运营成本，提高经营效率。在服务业领域，平台经济通过便捷的在线服务，不断满足和创造消费者需求，推动了服务业的创新和升级。从在线教育到远程医疗，从智能金融到绿色物流，平台经济正引领服务业向更高质量、更加个性化的方向发展。此外，平台经济还利用大数据和云计算技术，提升政府服务的透明度和效率，增强公共服务的精准性和响应速度，从而提高公民的满意度

① 陈斯维，经济学博士，中山大学岭南学院副教授，兼任中山大学数字经济与政策研究院副院长。在微观经济理论具有丰富的研究经验。主要研究方向包括机制设计、数字经济和平台经济。近年来主持和参与了多项国家自然科学基金项目，并在国内外知名期刊发表了多篇高水平论文。

和幸福感。

平台经济的深入发展，对于中国而言，不仅是经济增长方式转变的催化剂，也是推动社会全面进步的重要力量。通过深化改革、创新驱动，中国完全有能力借助平台经济的强大动能，实现从量的扩张到质的飞跃，推动高质量发展迈向新的阶段。

本文将系统探讨平台经济的多重作用、面临的主要挑战以及促进其发展的具体举措，旨在为平台经济的健康、有序和可持续发展提供理论支持和实践指导，助力我国经济高质量发展。

二、平台经济的多重作用

通过整合广泛的用户和商家资源，平台经济在提高供需匹配效率、降低信息不对称、减少交易成本等方面发挥了显著作用。同时，它还促进了技术创新，提升了整体社会的技术水平，并通过优化产业布局，激发了传统行业的数字化转型，增强了整个经济体的活力和抗风险能力。平台经济的作用主要体现在以下三个方面：

（一）资源有效配置

平台经济最重要的优点之一是能够将分散的资源和需求集中起来，通过先进的数据分析和算法，实现资源配置的优化。平台作为高效的中介，可以精确预测市场需求，向用户推荐合适的产品或服务。这种资源配置的优化不仅提升了市场运作的总体效率，还能使商家获得更准确的市场定位。

例如，滴滴出行通过实时数据分析匹配乘客和司机，显著降低了空驶率，提高了车辆的使用效率。平台经济还通过算法来平衡市场供需，有效减少了价格波动，为消费者和供应商提供了更稳定的市场环境。

（二）技术创新和应用

平台经济是技术创新的孵化器，其不断推动自身的技术进步，如利用机器学习优化搜索算法，进而推动社会整体技术水平的提升。共享经济的出现促进了物联网技术的广泛应用，平台经济中的大数据分析则加速了数据科学的进步。

支付宝的指纹支付、淘宝的个性化推荐等技术的应用，不仅提升了用户体验，也增强了平台的市场竞争力。平台企业在技术研发上的大量投入，催生了云计算、大数据分析等技术的快速发展，这些技术的进步又反过来促进了平台经济的成长，形成了一个正向循环。

（三）产业结构优化

平台经济推动了传统行业的数字化转型，利用技术和数据的优势，为传统产业打开了新的市场渠道，实现了产品和服务的创新。例如，电商平台让农产品直接触达消费者，提高了种植户的收入，并减少了中间环节，确保了产品的新鲜度和质量。

传统行业如零售、餐饮、旅游等通过平台的网络效应正在加速线上转型，这不仅拓宽了销售渠道，也提升了服务效率。平台通过数据分析帮助这些行业深入了解消费者需求，推动产品和服务创新，如个性化定制服务、智能推荐等。这些创新极大丰富了消费者体验，同时也为企业带来了新的增长点。

三、平台经济面临的主要挑战

随着技术的不断进步和平台模式的深化应用，平台经济在经济增长中的作用将会愈加凸显。平台经济的迅猛增长，虽然为经济发展带来了前所未有的机遇，但同时也引发了一系列挑战。这些挑战需要政策制定者、企业和社会各界共同面对和解决。具体来说有以下三个方面的主要挑战：

（一）监管适应性挑战

现有的法律法规体系往往难以适应平台经济快速发展的步伐。平台经济打破了传统的商业边界，涉及多个行业和领域，这就要求监管框架必须具备高度的灵活性和前瞻性。监管机构面临的挑战在于如何制定出既能促进创新和竞争，又能确保公平交易、消费者权益和市场稳定的政策。这需要监管者对平台经济的商业模式、运作机制有深刻理解，并能够及时更新监管策略，弥补法律空白，解决跨界问题。

（二）数据安全及隐私保护挑战

数据安全和个人隐私保护问题也日益成为公众关注的焦点。平台经济在运作过程中产生和积累了大量个人数据，这些数据的安全管理和合理使用成了一个棘手的问题。如何在保障用户隐私和企业发展之间找到一个平衡点，是一个复杂的问题。这不仅涉及技术层面的加密和安全措施，也涉及法律层面的个人信息保护法规。此外，还需要建立起全社会对个人数据价值和隐私权益的共识，通过教育和公众意识的提高共同守护数据安全。

（三）市场垄断风险挑战

市场垄断问题也不容忽视。平台经济中的网络效应可能导致市场集中度不断提高，形成"赢家通吃"的局面。这样的市场格局可能会抑制创新，损害消费者利益，同时对中小企业构成巨大压力，甚至威胁其生存和发展。因此，如何制定有效的反垄断政策和措施，保持市场的公平竞争，确保多元化的市场主体可以共同发展成为一个重要的政策议题。这要求监管机构加强市场监管，制止不公平竞争行为，同时鼓励创新和多元化的市场生态。

四、促进平台经济发展的举措

以上三个挑战都需要我们在法律、技术、政策制定等多个层面进行深入研究和探讨，以确保平台经济的健康、有序和可持续发展。在平台经济发展中应对监管适应性、数据安全及隐私保护和市场垄断风险挑战时，需要企业的自律和政府的规范共同作用，形成一个更加健康、有序的平台经济环境。企业和政府的合作能够确保平台经济在创新和发展的同时保护消费者权益，维护市场公平，促进经济的长期稳定增长。

（一）建立健全内部监管机制

平台企业需要主动建立和完善内部监管机制，确保其商业行为符合法律法规和行业标准。强化合规意识，定期进行自我审查，确保不会因追求利益最大化而损害消费者权益或造成不公平竞争。同时，企业应积极建立透明的企业治理结构，以增强公众信任。

（二）推动技术创新与服务升级

平台企业应不断投入研发，推动技术创新，优化服务流程，提高用户体验。通过技术创新提升数据处理的安全性和效率，同时开发新产品和服务以满足消费者多变的需求，保持企业的竞争力和市场地位。

（三）制定和完善相关法律法规

国家应制定和不断完善与平台经济相适应的法律法规，为平台经济的健康发展提供法治保障。这包括更新数据保护法律、设计更加严格的隐私保护措施，以及制定反垄断法规来预防市场集中度过高。同时，需要建立跨部门的协调机制，确保法规得到有效实施。

（四）推动公平竞争与市场监管

政府需要加强市场监管，确保平台经济中的竞争是公平的，防止市场主导地位的滥用。可以通过设立专门的监管机构或者增强现有机构的监管能力，对市场进行有效监督。此外，政府还可以通过政策引导和支持，鼓励中小企业参与平台经济，增强其竞争力和生存能力。

平台经济不仅是一种经济现象，更是深化改革的契机。它要求重新设计经济发展模式，创新社会治理方式，更新个人技能和知识结构。中国应把握平台经济这一关键力量，通过改革创新，构建开放、动态、包容的新发展格局。面对挑战，平台企业、政府和社会各界需要共同努力，以实现平台经济的可持续发展。在这个过程中，平台经济将不断演变和成熟，为社会带来更深远的影响。

数字经济、数据要素与数据科学：推动中国式现代化高质量发展的新动能

程明勉 [①]

一、引言

在数字化浪潮的推动下，全球经济格局正在经历一场前所未有的变革。数字技术的创新与应用不仅重塑了经济社会的发展模式，也催生了数字经济这一新型经济形态。数字经济以其无限的活力和巨大的潜力，已成为推动全球经济持续增长的新动力。

作为世界上最大的发展中国家，中国正处于经济转型升级的关键时期。在此背景下，习近平总书记在党的二十大报告中对数字经济的发展提出了明确的指导思想，强调要"建设现代化产业体系，坚持把发展经济的着力点放在实体经济上，推进新型工业化，加快建设制造强国、质量强国、航天强国、交通强国、网络强国、数字中国"。这一战略布局不仅为中国的现代化发展指明了方向，也为全球经济转型提供了中国智慧和中国方案。

数据要素作为数字经济的核心资源，其战略地位不言而喻。数据的有效开发与利用，是实现数字经济发展的基础。而数据科学，则提供了一系列方法论和工具，用于高效挖掘和利用这些数据要素，从而释放数据的潜在价值。本文旨在探讨数据要素在数字经济中的战略地位，数据科学如何助力数据要素的开发利用，以及基于数据要素和数据科学的数字经济如何成为推动中国式现代化高质量发展的新动能。

---

① 程明勉，博士研究生，中山大学岭南学院副教授、硕士生导师。主要研究领域包括金融计量经济学、机器学习等，主持国家自然科学基金青年项目等课题研究。

通过对上述三个方面的深入分析，本文将揭示数据要素与数据科学在数字经济发展中的互动关系，以及它们如何共同支撑起一个更加智能、高效的现代化经济体系。这对中国乃至全球范围内寻求可持续发展和技术创新的国家和地区都具有重要的启示意义。

二、数据要素：数字经济发展的基础保障

在数字经济的版图中，数据要素无疑占据了核心的战略地位。数据不仅是信息技术发展的基础，更是数字经济增长的关键驱动力。下文将深入探讨数据要素在数字经济发展中的战略地位和作用，分析数据如何转化为经济增长的新动能，以及如何通过数据驱动的创新来塑造未来的产业格局。

（一）数据要素的战略地位

数据要素的战略地位体现在其对数字经济各个层面的深刻影响。首先，数据是数字经济的基石。在云计算、大数据分析、物联网等技术的支持下，数据的收集、存储、处理和分析变得前所未有的重要。其次，数据要素是创新的源泉。通过对海量数据的挖掘和分析，企业和组织能够洞察市场趋势，优化产品设计，提升服务质量，从而在激烈的市场竞争中脱颖而出。最后，数据要素是政策制定和社会治理的重要依据。政府部门通过分析公共数据，可以更准确地制定政策，提高公共服务的效率和质量。

（二）数据要素的经济作用

数据要素在数字经济中的经济作用可从以下几个方面进行理解：

第一，数据驱动的决策使企业能够更精准地把握市场需求，降低运营成本，提高经济效益。

第二，数据要素促进了产业结构的优化。在数据的推动下，传统产业通过数字化转型获得了新生，新兴产业如云服务、智能制造等迅速发展。

第三，数据要素加速了国际贸易和投资的流动。通过数据分析，企业可以更好地了解全球市场，把握国际商机。

第四，数据要素在提升公共服务质量和效率方面发挥了重要作用。以智慧城市建设为例，通过对城市运行数据的深度分析实现了城市管理和服务的优化。

（三）数据要素的创新作用

数据要素的创新作用体现在以下几个方面：第一，数据要素推动了人工智能技术的发展。通过机器学习和深度学习等技术，数据被转化为智能决策和自动化操作的能力。第二，数据要素促进了跨界融合。不同行业的数据整合，为创新提供了更广阔的空间。例如，医疗健康与人工智能的结合，推动了精准医疗的发展。第三，数据要素加强了个性化服务的提供。企业通过分析个人数据，能够提供更加定制化的产品和服务，满足消费者的个性化需求。

通过上述分析，我们可以看到数据要素在数字经济发展中的重要地位和多方面作用。在未来的数字经济时代，数据要素将继续发挥其战略作用，推动经济社会的全面发展。

三、数据科学：解锁数据要素的核心价值

数据科学作为一门综合性交叉学科，融合了数学、统计学、计算机科学等多学科领域技术，致力于从大规模数据集中提取知识和洞察力。随着计算技术的飞速发展，数据科学已成为数字经济时代不可或缺的核心学科。它的发展得益于计算能力提升、数据存储成本降低以及算法创新的推动，使处理和分析前所未有规模的数据集成为可能。数据科学涵盖了数据预处理、探索性数据分析、统计推断、预测建模、机器学习，以及数据可视化等多个环节。这些方法论和技术为数据科学家提供了一套完整的工具，以从复杂和非结构化的数据中提取有价值的信息，发现潜在的模式，构建预测模型，并对结果进行解释和验证。

（一）数据科学在数据要素挖掘中的作用

数据科学在数据要素挖掘中的作用不仅限于数据分析和知识发现，还包括以下三个方面：一是模式识别，即应用统计学和机器学习算法，数据科学能够识别出数据中的复杂模式和趋势；二是预测分析，即利用历史数据建立模型，数据科学有助于预测未来事件和行为，为决策提供科学依据；三是优化决策，即通过建立优化模型，数据科学可以帮助企业和组织优化资源配置和运营流程。

（二）数据科学在数据要素利用中的重要性

数据科学在数据要素利用中的重要性体现在其对组织战略目标实现的支持

上，具体包括但不限于以下几个方面：一是商业智能，即数据科学通过高级分析提供深入的商业洞察，帮助企业发现新的市场机会和业务增长点；二是客户洞察，即数据科学使企业能够深入理解客户行为，提供更加个性化和精准的服务；三是社会影响，即在公共领域，数据科学通过分析大规模社会数据，为政策制定、城市规划和环境监测提供科学依据，促进社会的可持续发展。

（三）数据科学的实践应用

在实践中，数据科学的应用已经渗透到各个行业和领域。例如，在金融行业，数据科学被用来评估信用风险、防止欺诈和优化投资策略；在医疗领域，数据科学有助于疾病预测、治疗个性化和医疗资源的优化分配；在零售行业，数据科学优化了库存管理、顾客行为分析和市场营销策略。这些应用不仅展示了数据科学在实际问题解决中的强大能力，也凸显了其在推动经济和社会发展中的关键作用。

（四）数据科学的未来趋势

随着技术的不断进步，在未来，数据科学将更加注重算法的创新、数据隐私保护以及对伦理问题的探讨。人工智能和机器学习的发展将进一步增强数据科学的能力，使其在处理复杂问题和提供决策支持方面更加高效和精确。同时，数据科学家将继续探索新的数据源和分析方法，以应对日益增长的数据规模和复杂性。

四、数字经济：数据驱动的经济高质量发展与转型

数字经济作为目前最具变革性的经济发展形态，对中国实现高质量发展具有深远的战略意义。它不仅代表着一种新的经济增长模式，而且标志着国家竞争力的新高度。在中国特色社会主义新时代背景下，数字经济的蓬勃发展，是实现经济结构转型、创新驱动发展、社会治理现代化的重要途径。这一战略转型不仅关乎经济领域，更涉及社会、文化、环境等多个维度，旨在构建一个更加智能、高效、绿色、开放的现代化经济体系。

（一）数据要素、数据科学与数字经济的融合与推进

作为数字经济发展的基石，其重要性在于数据要素能够为数字化转型提供了不可或缺的基础资源与核心动力。在中国高质量发展的背景下，数据要素的有

效整合和利用，不仅能够提升产业智能化水平，还能够促进经济结构的优化和升级。通过构建全面的数据收集和分析体系，中国能够更好地理解市场需求，预测经济趋势，并制定相应的政策。

数据科学作为解锁数据要素潜力的关键，其方法论和工具在数字经济中发挥着至关重要的作用。它通过提供先进的分析模型和算法，使企业和政府能够从海量数据中提取有价值的洞察，从而做出更加精准和高效的决策。在推动中国经济高质量发展的过程中，数据科学不仅加速了创新和技术的应用，也优化了资源配置和服务供给。

（二）数字经济的实践与发展路径

数字经济的发展需要依托数据要素和数据科学的深度融合，具体包括以下几个方面：一是数据基础设施建设，即加强数据中心、大数据平台的建设，为数据的收集、存储、处理和分析提供坚实基础；二是数据治理体系，即建立健全的数据治理体系，确保数据安全、隐私保护，同时促进数据的开放共享和高效利用；三是创新驱动发展，即鼓励企业通过数据科学的应用，进行产品创新、商业模式创新，以及管理创新，提升核心竞争力。

同时，政府在推动数字经济发展中扮演着至关重要的角色。政策支持可体现在以下几个方面：一是制定优惠政策，即为数字经济相关企业提供税收减免、资金支持、人才培养等优惠政策；二是完善法律法规，即制定和完善与数字经济发展相关的法律法规，为数字经济的健康发展提供法治保障；三是国际合作，即积极参与国际数字经济的交流与合作，引进先进技术，拓展国际市场。

（三）数字经济与高质量发展的协同效应

数字经济与高质量发展之间的协同效应体现在以下几个方面：一是经济增长的新模式，即数字经济引领经济增长模式从传统的规模扩张向质量和效率提升转变。数字经济通过促进技术创新和商业模式创新，为经济增长注入了新活力。二是社会发展的新动力，即数字经济通过提升公共服务质量和效率，提高人民生活质量，促进教育、医疗等公共服务的数字化，提升社会福祉，促进社会全面进步。三是治理能力的新提升，即数字经济增强了政府的治理能力，通过数据驱动的决策，实现了对社会问题的精准识别和高效应对，提高了公共治理的科学性和精准性。

五、结语

本文通过深入分析数据要素、数据科学与数字经济的内在联系，揭示了它们在推动中国式现代化高质量发展中的重要作用。数据要素作为数字经济的基础，提供了无限的可能性和潜力。数据科学作为解锁这些潜力的钥匙，提供了必要的方法论和工具。而数字经济本身，作为这一切的舞台，展现了数据驱动下的经济增长新模式。

在中国迈向现代化的征程中，数字经济不仅是增长的新引擎，更是社会进步的新动力。它通过提升效率、促进创新、优化结构，为中国经济的转型升级提供了坚实的支撑。政府的政策引导和法律保障，企业的创新实践，以及社会各界的广泛参与，共同构成了数字经济发展的强大生态系统。未来，随着技术的不断进步和应用的日益广泛，数据科学将在数字经济中扮演更加核心的角色。它将继续推动经济的智能化、网络化和服务化，帮助中国构建更加开放、共享、绿色、安全的数字社会。在这一过程中，数据要素的高效利用和数据科学的深度发展，将是不可或缺的关键因素。

数据要素、数据科学与数字经济的深度融合，将为中国式现代化高质量发展提供强大的新动能。它们将共同推动中国经济实现从量的扩张到质的飞跃，从而在全球经济舞台上展现出更加璀璨的光芒。

我国数字基础设施建设存在的
主要问题及对策

何兴强[①]

近年来，我国数字基础设施建设取得了重大成就。5G 网络覆盖全国，数据中心规模不断扩大，实现了数据资源的汇聚整合、互通共享，云计算、大数据等技术在各行业得到广泛应用，为各行业数字化转型提供了强大的基础设施，推动了中国经济的持续发展，也提升了政府治理能力，提高了社会信息化水平，便利了人们的日常生活。与此同时，存在网络安全保障体系不够完善、数据安全保护措施不足、技术创新能力有待提高等问题，数据泄露、网络攻击等风险隐患也不容忽视。党的二十大报告指出，要加快建设网络强国、数字中国。本文主要分析我国数字基础设施建设中存在的主要问题和风险隐患，并提出对策建议。

一、我国数字基础设施建设的现状

（一）网络基础设施

第一，网络基础资源持续增长，互联网普及率达 76.40%。截至 2023 年 6 月，我国域名总数为 3024 万个；IPv6 地址数量为 68055 块 /32，IPv6 活跃用户数达 7.67 亿；互联网宽带接入端口数量达 11.1 亿个，光缆线路总长达 6196 万公里；网民达 10.79 亿人，互联网普及率达 76.40%，形成了全球最庞大的数字社会。

第二，移动网络发展迅速，5G 网络覆盖城乡，用户规模全球最大。截至 2023 年 6 月，移动电话基站总数达 1129 万个，其中累计建成开通 5G 基站

---

① 何兴强，研究生、经济学博士，中山大学岭南学院教授。

293.7 万个，占移动基站总数的 26%；移动互联网累计流量达 1423 亿吉字节，同比增长 14.6%；移动互联网应用蓬勃发展，国内市场上监测到的活跃 App 数量达 260 万款。

（二）信息服务基础设施

第一，数据基础设施运营商以三大运营商为主，结构呈现多元化的特点。目前，我国数据基础设施运营商主要包括三大类：电信运营商、云服务提供商和互联网企业。电信运营商是我国数据基础设施建设的核心力量，拥有完善的网络基础设施和庞大的用户群体。据统计，我国三大电信运营商（中国移动、中国电信、中国联通）的数据中心服务收入逐年增长，已成为其主要收入来源之一。云服务提供商是数据基础设施建设的另一重要力量。

第二，数据中心和云平台规模持续扩大。据统计，截至 2022 年，全国数据中心超过 800 个，总规模超过 500 万平方米，其中大型和超大型数据中心占比不断增加。全国有超过百家云平台，其中大型云平台如阿里云、腾讯云、华为云等仍是市场主导者。在规模上，这些云平台不仅拥有庞大的用户群体，还提供了丰富的云服务产品。

第三，区域发展不平衡。目前，我国东部地区的数字基础设施建设较为完善，西部地区相对滞后。在地区分布上，数据中心主要集中在北京、上海、广州等一线城市及周边地区。云平台主要集中在北京、上海、广东等一线城市，以及杭州、成都等互联网产业较为发达的城市。此外，随着数字化转型的深入推进，云服务市场呈现更加多元化和竞争激烈的趋势。

（三）互联网应用企业

第一，工业互联网网络体系快速发展，平台体系逐步完善。全国 5G 行业虚拟专用网超过 1.6 万个，涵盖 31 个省（自治区、直辖市）。具有一定影响力的工业互联网平台超过 240 家。"5G+工业互联网"快速发展，2023 年第一季度，工业和信息化部发布了 5G 工厂、工业互联网园区、公共服务平台等 218 个工业互联网试点示范项目，打造一批应用实践样板，带动加快数字化转型。

第二，物联网发展迅速，市场规模持续扩大。根据相关数据，2018 年中国物联网市场规模达 1.5 万亿元，2020 年增长至 2.5 万亿元，年均复合增长率达 20% 以上。同时，物联网连接数也在迅猛增长，截至 2022 年底，中国物联网连接数已超 35 亿，其中"物"连接数占比超 50%。截至 2023 年 9 月，三大运营商发展蜂窝物联网终端用户 22.2 亿户，比 2022 年年末净增 3.77 亿户，占移动网终端连接数比重达 56.3%。

第三，各类互联网应用持续发展。根据艾媒咨询的数据，2022 年，中国互联网应用市场规模达 14.8 万亿元，同比增长 11.5%。其中，移动社交应用市场规模最大，达 4.5 万亿元，占整体市场规模的 30.5%；移动购物应用市场规模为 3.4 万亿元，占比为 23.1%；搜索引擎应用市场规模为 1.7 万亿元，占比为 11.5%；在线视频应用市场规模为 1.3 万亿元，占比为 8.8%；网络游戏应用市场规模为 1.2 万亿元，占比为 8.1%。

（四）算力和关键技术

第一，近年来数据基础设施算力增长显著，算力规模持续扩大。据统计，截至 2022 年年底，全国在用数据中心机架总规模超过 650 万标准机架，算力总规模达 180 百亿亿次浮点运算 / 秒，位居世界第二。其中，腾讯、阿里巴巴等企业的数据中心规模已进入全球前十。

第二，关键技术不断取得突破。中国在人工智能、云计算、区块链等领域取得了重要突破。例如，腾讯的 AI 助手、华为鲲鹏处理器系列，以及阿里云自主研发的神龙服务器等产品在全球范围内都具有一定的影响力。此外，中国的量子计算研究也走在世界前列。

二、存在的主要问题

（一）核心技术依赖度高、当前设施能力有限

第一，核心技术依赖度高。一是芯片和处理器。我国的信息技术设备大量依赖进口芯片，特别是高端处理器。如尽管华为和其他本土企业在发展自己的芯片技术方面取得了进步，但在更复杂的芯片设计和制造方面，如服务器处理器和高性能计算芯片，仍然依赖国外技术，如英特尔和超威半导体公司（AMD）。截至 2023 年，我国在高端芯片如服务器 CPU、基站通信芯片等核心元器件，进口比例一度超 80%。二是操作系统和数据库软件。在操作系统和数据库管理系统方面，中国市场普遍使用美国公司如微软的 Windows 操作系统和甲骨文的数据库软件。虽然有国产替代如麒麟操作系统和神州信息的数据库，但在性能和兼容性方面仍有差距。三是高端服务器和存储设备。在数据中心的核心设备方面，我国依然大量进口高端服务器和存储设备。例如，虽然浪潮、华为等提供服务器产

品，但在高性能计算和大规模存储解决方案方面仍依赖国际品牌，如戴尔、惠普和国际商业机器公司（IBM）。

第二，当前设施能力有限。一是数据存力有限。与发达国家相比，我国存力水平还比较低，单位 GDP 存储容量为 23.52 GB/ 万美元，仅为新加坡的 50% 左右。由于存力水平的不足造成大量数据未被处理和利用即被丢弃，难以形成有效的数据资源池。二是全闪存储设施与发达国家存在较大差距。全闪存储作为未来新型数据基础设施的引领者，其占比仍然较低，仅为 20.3%，而全球平均水平为 41.3%，美国闪存占比为 56.4%。从行业应用层面来看，全闪存储在医疗、电信、金融、教育等数字业务需求比较高的行业占比不足 12%，政府领域应用占比仅为 8.73%。三是存储网络不畅，影响网络质量提升。由美国主导的光纤通道协议（FC）最大支持 64G 带宽，技术演进缓慢，无法满足业务快速发展需求。TCP/IP 网络协议则由于稳定性不足对存储性能影响大，因此无法匹配高性能业务对存储的需求。

（二）区域发展不均衡

第一，东西部地区存在数字鸿沟。东部地区在信息基础设施方面远领先于西部地区。东部地区拥有较为完善的网络基础设施、互联网普及率显著更高，而中西部部分地区仍存在网络覆盖不足、信号弱等问题。以贵州为例，虽然其依托丰富的水电资源大力发展大数据产业，吸引了包括苹果、华为在内的众多企业入驻建设数据中心，但整体上仍无法扭转东西部地区在信息基础设施总量及技术水平上的差距。

第二，存在城乡差异。城市地区的信息基础设施，如宽带连接速度和移动网络覆盖，远优于农村地区。根据 2020 年的数据，我国城市家庭宽带普及率接近 90%，而农村地区这一数字仅为 50% 左右。

第三，数据中心集中。大型数据中心和云服务基础设施主要集中在一线城市和经济发达区域，如北京、上海和广州，导致数据处理和存储能力在地区间分布不均。京津冀、长三角、粤港澳大湾区等经济发达地区的大型和超大型数据中心占比超 60%。例如，阿里巴巴在杭州建立的云计算数据中心，腾讯在广州建立的大型数据中心。

（三）能源消耗与环境压力

第一，高能耗。一是能耗水平高。虽然我国数据中心平均电能利用效率（PUE）整体上呈现下降的趋势，平均值为 1.6~1.7，但与亚太地区较好 PUE 仍有差距，且 PUE 每降低 0.1 都要付出很大的成本，绿色低碳转型压力巨大。二是耗电量高。2021 年，我国数据中心耗电量高达 2166 亿千瓦时，占全社会用电量的 2.6%，且从能耗结构来看，IT 设备中约 35% 的耗电来自存储系统，且预计未来几年将持续增长。又如，根据公开资料，大型数据中心如阿里巴巴张北云计算基地，在高峰期年用电量可达数亿千瓦时，相当于一个中型城市一年的居民用电。同时，随着数据中心规模扩大和设备升级，其冷却系统、备用电源等配套设施的能耗也不容忽视。

第二，碳排放和污染废弃物。由于我国的电力供应大部分依赖于煤炭，这使信息基础设施相关的能源消耗成为重要的碳排放源。数据中心的运行和扩建直接影响了我国的碳足迹。除了碳排放，建设和维护信息基础设施，每年有大量淘汰的电子设备被弃用，其中含有害物质如铅、汞等，处理不当会对土壤和水源造成污染。

（四）数据安全与隐私保护

第一，产业链集中度高，供应链断供风险大。例如，占据中国市场 80% 以上的传统机械硬盘（Hard Disk Drive，HDD），产业链完全掌握在美国希捷、美国西部数据、日本东芝三家企业手中，且我国尚未有发展机械硬盘的产业基础。而作为未来发展主流的新一代半导体存储的固态硬盘（Solid State Drive，SSD），90% 以上的全球市场份额也长期被美、日、韩企业垄断，面临比较高的供应链断供风险。

第二，数据泄露事件呈上升趋势。据统计，2022 年我国发生超过 5000 起数据泄露事件，涉及数亿条个人信息。例如，某知名互联网公司因安全漏洞导致用户数据外泄，影响数百万用户。此外，网络犯罪也给数据安全带来严重威胁。

第三，数据非法采集问题不容忽视。数据显示，2022 年国内发生超过 1000 起数据非法采集事件，涉及金融、医疗、教育等多个领域。例如，一些 App 未经用户同意擅自收集个人信息用于商业目的。此外，黑客攻击也是数据非法采集的重要来源。

第四，数据滥用事件频发。2022 年国内发生了数百起数据滥用事件，涉及多个行业。例如，某银行因违规查询用户个人信息而被罚款；某互联网公司因不当收集用户数据用于营销而遭到投诉；2020 年，某知名求职网站被曝出将用户简历信息出售给第三方企业，涉及数百万用户的隐私数据。此外，部分移动应用过度收集用户信息，并进行大数据杀熟。

（五）"数据孤岛"与资源共享难

部门间、行业间的壁垒使数据共享和流通机制尚不健全，形成大量"数据孤岛"，制约了大数据资源价值的有效挖掘和社会效益的最大化。以政务数据为例，据国家统计局数据，各地政府部门间的数据开放与共享指数参差不齐，部分省份在跨部门、跨层级的数据流通方面面临较大挑战。在医疗领域，患者就医时往往需要在不同医院重复检查，原因是各医疗机构间的数据无法有效互联互通，形成了"信息孤岛"。另外，公共服务领域，各地社保、公积金等信息系统彼此独立，导致民众异地办理业务困难。

（六）标准规范滞后与监管缺失

面对新兴业态和技术快速发展，相关标准制定工作未能及时跟上，造成市场准入混乱，且数据治理和监管机制还需完善，以适应日益复杂的数据生态环境。一是关键信息基础设施运营商的界定不清。关于哪些公司将被指定为关键信息基础设施（CII）运营商，目前尚不完全明确。据统计，截至2021年，我国针对新兴信息技术的标准制定工作虽取得一定进展，但仍存在部分领域空白，如人工智能、区块链等前沿技术的标准体系尚不健全。二是跨境数据传输政策的放宽。我国政府在2023年下半年采取措施改善私营和外国公司的商业环境，包括放宽跨境数据传输的要求。然而，关于重要数据的具体定义缺乏明确性。三是数据中心行业的监管。我国工业和信息化部在数据中心行业的监管中扮演着核心角色，负责政策制定、法律框架草拟、技术标准设定等，应随着行业的发展不断演变和细化。

（七）投资效率与可持续性挑战

第一，重体量轻质量：重复建设和资源浪费。近年来，我国对信息基础设施的投资规模持续增长，但部分项目存在重复建设和资源浪费现象。例如，某地曾因缺乏统筹规划和合理布局，导致多个数据中心建成后利用率低下，造成了大量资金沉淀。又如，某些地区同时建设了多条高速光纤网络，但实际利用率不足。

第二，重建设轻保护：更新换代及绿色低碳转型不够。由于投入产出比评估不完善、回收周期长等因素，部分企业对于老旧设施改造升级的积极性不高，制约了整个信息基础设施行业的绿色发展和长远竞争力。

三、防范和化解我国数字基础设施建设存在的主要问题的对策

（一）加强核心技术研发与自主可控

针对我国关键技术仍比较薄弱，核心技术依赖进口的问题，要加大在关键领域如芯片、操作系统、云计算等技术的研发投入，推动自主创新，建立健全自主可控的信息技术产业链供应链，降低对外依赖，保障国家信息基础设施安全。

一是实施财政支持与税收优惠。政府通过加大资金投入、制定资金优惠、实施研发税收抵免等政策等方式，支持企业开展数字基础设施核心技术研发。二是强化政产学研合作研究机制。政府与企业、高等院校、研究机构建立合作关系，共同开展数字基础设施核心技术研发，推动产学研深度融合，充分发挥高等院校和科研院所的研究能力，面向核心应用技术，开展联合攻关。三是培育本土企业与国际合作。一方面，扶持本土科技企业发展，特别是在半导体、云计算等领域，减少对外技术依赖；另一方面，积极与国际组织和企业开展合作交流，参与国际标准制定，通过国际合作引进先进技术和管理经验，同时推广本国自主研发的技术标准。四是人才培养与人才引进。重视信息技术相关专业的人才培养，调整教育课程设置以适应新兴数字技术发展需求，通过各种优惠政策吸引全球顶尖人才。

（二）推动区域协同发展与均衡布局

一是政府政策引导。通过立法和财政拨款，实施区域发展计划，优化数据中心的全国性布局规划，推动"东数西算"工程实施，利用西部地区丰富的能源资源建设大型数据中心集群，减轻东部地区的能源消耗压力。二是税收优惠与激励措施。为吸引企业投资到特定区域，提供税收减免、低息贷款等优惠政策，如对在农村地区或经济欠发达区域建设数据中心的企业给予税收抵扣和补贴。三是强化基础设施建设。支持中西部地区信息基础设施的建设，通过政策引导和技术扶持缩小区域间数字鸿沟。

（三）提高投资效率和可持续性

一是实施公私合作（PPP）模式。广泛采用公私合作模式吸引私营部门参与基础设施建设和运营，通过政府与企业间的长期合约共享风险和收益，有效提升资金使用效率。二是政策引导与税收优惠。提供各种财政激励措施，如税收抵免、补贴等，以鼓励对关键基础设施项目的投资，并确保项目符合环保和社会效

益标准。三是市场导向与竞争机制。实施透明化招投标制度，鼓励市场竞争，选择最优方案和技术团队，确保项目建设高效且技术领先。四是长远规划与绩效评估。制定明确的国家信息技术发展战略，并建立项目绩效评估体系，定期审查投资项目效果，及时调整优化投资方向，保障投资的持续性和有效性。五是绿色低碳发展。推进数据中心节能降耗和绿色化改造，制定并执行严格的 PUE 标准，采用液冷、自然冷却等先进技术，提升能效水平。鼓励清洁能源的应用，如太阳能、风能等为数据中心供电，减少碳排放。

（四）加强数据安全与隐私保护

一是完善相关法律法规。完善《中华人民共和国网络安全法》《中华人民共和国信息安全法》，制定出台《中华人民共和国个人信息保护法》，涵盖电子和非电子格式个人数据保护的基本法规，维护个人数据安全，同时允许组织出于合法和合理的目的收集、使用或披露个人数据等，加大法律的执行力度，严惩非法采集、泄露和滥用个人信息的行为。二是建立数据隐私保护能力中心。成立数据隐私保护能力中心，发展一系列数据隐私保护工具包，以促进数据保护，同时不限制其使用。中心与各机构合作创造解决方案，加强关键系统的数据隐私和保护。三是数据安全管理措施。实施了一系列技术和流程措施保护数据免受安全威胁，设立中央账户管理解决方案和全政府数据丢失保护套件，建立健全数据分类分级保护制度，防止敏感数据的意外丢失，增强对公共数据的保护。四是提高公共服务人员的能力。政府对公共服务人员进行一系列培训，提高他们使用数据的安全意识，并教育他们如何在日常工作中安全地处理数据。

（五）推进数据共享与互联互通

一是政府制定开放数据政策。政府制定开放的数据政策，才能推动公共数据的共享与开放。例如，欧盟制定统一的数据共享政策，促进各成员国之间的数据流通，建立公共数据平台，方便成员国间进行共享数据。二是数据的品质和标准化程度。北欧国家的数据开放政策注重数据品质和标准化程度，以确保数据的准确性和可比性。相比之下，美国的数据开放政策在数据品质和标准化方面更加灵活和多样化。三是建设国家级和地方性的数据共享平台，制定统一的数据接口和交换标准，打破部门间、行业间的"数据孤岛"，推动政务数据、公共服务数据和社会数据的融合应用，促进数据资源的开放共享和有序流通。

（六）提升数据中心和网络基础设施的韧性

我国由于核心技术对外依赖度高，面临断链和网络攻击风险，考虑借鉴日本的做法，通过采用先进技术和冗余设计，提高数据中心和网络基础设施面对自然灾害和网络攻击时的抵抗能力和恢复能力。一是推动技术创新和研发。政府投资网络安全技术研发，支持企业和组织开展技术创新，推动网络安全领域的科技进步，提升核心供应链韧性。二是建立数据中心和网络基础设施的备份和冗余架构。为了确保数据和网络服务的可靠性和可用性，日本政府要求数据中心和网络基础设施建立完整的备份和冗余架构。三是建立应急响应机制和灾后恢复计划。建立完善的应急响应机制和灾后恢复计划，以便在地震等突发事件发生时快速响应，确保数据和网络服务的正常运行，减少灾害对经济社会的影响。

（七）完善监管机制与标准化体系

一是创新完善灵活和创新的监管机制。鼓励市场自由竞争，为企业提供了较大的发展空间。二是注重监管的公平性和透明度，通过制定一系列法律法规来规范市场行为，保护消费者权益。既保证市场的活力，又确保市场的公平和透明。三是加强对信息基础设施建设和运营的监管，细化监管规则，建立常态化的监测评估机制。四是积极参与国际标准制定，加快国内标准体系的更新和完善，尤其是针对新兴技术领域，确保信息基础设施建设有章可循、规范发展。

（八）加强人才培养与国际合作

一是设立国际联合培养项目。与全球顶尖高校和研究机构合作，共建数据科学、人工智能等领域的硕士、博士双学位项目，通过线上线下混合教学模式，引入国际优质教育资源。二是建设国际实习实训基地。在国内外知名企业和科研机构设立国际实习实训平台，提供实地操作和跨国项目经验，促进学生实际技能提升。三是实施"人才流动计划"。创设奖学金或资助计划，鼓励中国学者、工程师赴海外交流学习，同时吸引国外专家来华短期授课、合作研究及参与技术指导。四是建立国际化课程资源库。开发并共享高质量的在线开放课程，涵盖大数据、云计算、网络安全等前沿领域，实现国内外教育资源共享。五是创建国际研发合作联盟。组织国内外企业、高校、研究机构成立数据基础设施技术研发合作联盟，共同攻克关键技术难题，为人才培养提供实战环境。六是构建全球人才数据库。创建跨国家和地区的人才信息数据库，方便各方寻找合适的合作伙伴和优秀人才，推动国际人力资源共享。

　　我国数字基础设施建设在取得显著成就的同时，也面临一些问题和风险隐患。政府和企业应加强合作，加大投入力度，攻克核心技术，优化资源配置，完善政策法规，加强数据安全与隐私保护，推进数据互通共享，提升数据设施任性，加强人才培养与国际合作，推动数字基础设施健康有序的发展，进一步提升我国在数字基础设施建设领域的整体实力，从而为数字经济发展奠定坚实基础。

数据资产入表，推动高质量发展

柳建华 [①]

党的二十大报告明确提出，加快发展数字经济，促进数字经济和实体经济深度融合，打造具有国际竞争力的数字产业集群。这表明，我国高度重视发展数字经济，强调数字经济正在成为重组全球要素资源、重塑全球经济结构、改变全球竞争格局的关键力量。2023 年，中央经济工作会议指出，要大力推进新型工业化，发展数字经济，加快推动人工智能发展。可见，党中央高度重视发挥数据的重要作用。习近平总书记指出，要求发挥数据的基础资源作用和创新引擎作用，加快形成以创新为主要引领和支撑的数字经济。

数字经济是继农业经济、工业经济之后的主要经济形态，是以数据资源为关键要素，以现代信息网络为主要载体，以信息通信技术融合应用、全要素数字化转型为重要推动力，促进公平与效率更加统一的新经济形态。随着劳动力等传统要素供给对经济增长的贡献率逐渐降低，数字经济成为提高全要素生产率的重要途径。《数字中国发展报告（2022 年）》显示，2022 年，中国数字经济规模已超过 50 万亿元，数字经济占 GDP 比重达 41.5%，位居世界第二。

数据作为最新的生产要素，其流通使用和治理引起各国的普遍关注。我国是首个将数据列为生产要素的国家。新型生产要素的市场建设是典型的制度创新。其中，如何尽快将其合规地资产化显得非常重要。

---

① 柳建华，中山大学岭南学院教授、博士生导师，岭南学院院长助理，中山大学资本市场研究院执行院长。财政部全国会计领军人才（学术类）。

一、数据资产入表：会计处理及其难点

2022 年 12 月，中共中央、国务院印发《关于构建数据基础制度更好发挥数据要素作用的意见》，明确提出推进数据资产合规化、标准化、增值化，有序培育数据资产合规、登记、评价、评估等第三方专业服务机构，依法依规维护数据资源资产权益，探索数据资产入表新模式等要求。

2023 年 8 月，财政部印发《企业数据资源相关会计处理暂行规定》（以下简称《暂行规定》），为数据资产入表指明了方向。《暂行规定》指出，企业在编制资产负债表时，应当根据重要性原则并结合本企业的实际情况，在"存货"项目下增设"其中：数据资源"项目，反映资产负债表日确认为存货的数据资源的期末账面价值；在"无形资产"项目下增设"其中：数据资源"项目，反映资产负债表日确认为无形资产的数据资源的期末账面价值；在"开发支出"项目下增设"其中：数据资源"项目，反映资产负债表日正在进行数据资源研究开发项目满足资本化条件的支出金额。企业应当采用未来适用法执行《暂行规定》，《暂行规定》施行前已经费用化计入损益的数据资源相关支出不再调整。《暂行规定》2024 年 1 月 1 日正式施行。尽管《暂行规定》指出了数据资产入表的会计处理方式，但要准确将数据资产入表，数据资产的确认和计量是其中的难点。

首先，在数据资产的确认方面。什么样的数据是数据资产？基于会计准则中对资产的定义，企业数据确认为数据资产应该满足三大特征：由企业的历史事项形成，构成对企业历史信息的反映；企业具有经济资源的控制权；该经济资源是未来产生经济收益的现时权利。《暂行条例》强调，数据资源必须是企业合法拥有和控制的。由此可见，数据资产合规与确权是数据资产入表的首要步骤。其中，数据合规性包括数据来源合规、内容合规、处理合规、管理合规。数据来源合规是指企业所获取的数据须遵守各项法律法规、国家政策及社会公德，且不得侵害他人合法权益；内容合规是指内容必须真实、合法、合规，严禁存储不被法律允许的非法数据；处理合规是指企业的数据处理必须符合法律规定，遵循合法、公正、必要性原则；管理合规是指企业应根据法律法规以及规章制度，建立相关管理制度，开展合规管理体系设立、风险识别、风险评估与应对等专项工作，做到数据分类分级管理、跨境流通和个人信息保护的全面监管。企业还需遵照法律规定进行数据业务经营，取得相应资质、行政许可及充分授权条件，构建严谨有效的内部控制系统，确保数据经营业务不会危及国家安全、损害公众利益或侵犯个人、组织的合法权益。数据确权需经过三个步骤：一是识别数据资

产，如数据集、数据库、系统、应用程序及人工智能模型等；二是确立数据资产权益，理解并评估各种类型的数据资产权益，如数据的所有权、使用权、流通权等，明确规定产权、使用权及流通权；三是数据资产的持有权证明。

其次，在数据资产的计量方面。以往不同的学者对数据资产入表的计量属性有不同的观点，比如，有学者认为应该根据不同情况采用"历史成本＋公允价值＋现值"的复合型计量模式，也有学者建议采用历史成本进行计量。按照《暂行条例》，无论是将数据资产计入存货，还是计入无形资产或者开发支出，显然都是按历史成本进行计量的。然而，按照现行对期末存货采用成本与可变现净值计价的规制，期末数据资产的可变性净值为多少是一个很主观的判断。此外，计入无形资产的数据资产，在未来多长时间内摊销较为合适也一个高度主观的估计。在存货和无形资产科目内的数据资产是否发生减值也可能成为企业调节利润之处。

二、公共数据资产入表：地方政府的动力与痛点

自《暂行条例》出台以来，拥有大量公共数据的各级、各地政府表现出了极大的兴趣，似乎都从当前"土地财政"的困局中找寻到一条新路。然而，目前这条新路正在探索之中。比如，有地方政府将数据资源成功质押，获得银行的信贷支持；直接将数据资产出售则被叫停。

当前，各级政府免费授权给域内的国有大数据集团或者国有城投公司来运营公共数据。这些数据集团或城投公司一般称为数据的一级开发商。公共数据领域的一级开发商通常要将政府授权使用的公共数据先进行数据整理、清洗和脱敏等，保证数据不出域，在"用数不见数"的原则下，吸引各行各业的数据二级开发商合作，如医疗、金融、教育等数据服务商来开发各类应用场景，在不影响用于公共治理、公益事业的公共数据有条件无偿使用的前提下，相关方采取合理措施获取收益，其运作方式和过去的城投公司类似。

公共数据资产入表后如何变得有价值，进而增值开发利用？从短期来看，尽管《暂行规定》已经明确数据资产只能是以成本法进入资产负债表，但并没有要求以成本法对外融资。因此，国有一级开发商可通过将公共数据作为资产增值，评级后对外融资发债和贷款。从长期来看，可通过撬动整个数据行业发展，实现整个生态的壮大。只有培育和发展各类应用型和服务型数据商，使二级市场繁荣起来，公共数据才能发挥更大的价值。同时，政府应该推动探索将数据资产和资本相结合的资本化路线，探索数据资产入股、质押、融资、保险、担保、证券化

等金融创新服务，进一步释放数据资产价值。

然而，公共数据资产入表对于地方政府来说也存在一些痛点。首先，国有大数据企业如果将公共数据"卖"得低了，可能难过审计关。其次，公共数据来源多元，如果数据来源方没有收益或者收益分配不合理，将难以保证数据质量。比如，有的公共数据是中央或省里垂直管理的，中央、省、市可能存在争利的问题。

三、企业数据资产入表：财务特征和对企业行为的影响

对于一般企业来说，数据资产入表关键是政府和金融机构是否认可。从企业的产权性质来看，当前，外企和跨国企业对数据资产入表并不认可，中小企业本身对数字化、信息化投入较少，也不是主力，国企、央企最为积极。比如，城投公司能否因为数据资产入表导致资产增值而给企业提供贷款，政府是否为此进行信用背书。

从企业特征来看，数据资产入表对拥有大量数据资产的行业影响较大。电网、燃气、航天、医院、互联网、交通、金融、地理信息系统等都是拥有大量数据资产的行业。数据资产入表对这些行业的影响主要表现在：首先，原来的计入相关费用的现在可以计入资产，有助于改善资产负债率，减少对当期利润的影响，改善财务报表表观；其次，数据资产入表，将影响企业的整体估值、信用评级以及融资能力等，增强企业的融资能力；最后，数据资产入表将使企业管理者更加清晰地认识和管理企业的数据资源，从而促进企业更加重视对数据资源的管理，提高数据利用效率。

促进数据要素流通

——推动经济和社会的高质量发展

杨　扬[①]

党的二十大报告指出，我们提出并贯彻新发展理念，着力推进高质量发展，推动构建新发展格局，实施供给侧结构性改革，制定一系列具有全局性意义的区域重大战略，我国经济实力实现历史性跃升。党的二十大报告进一步强调，高质量发展是全面建设社会主义现代化国家的首要任务。要实现高质量发展，就需要不断增强社会主义现代化建设的动力和活力，也要求我们在几个重要方面进一步解决一系列重要的挑战，包括：如何更好发挥市场在资源配置中的决定性作用，如何更加有效地提高生产端效率、协调好经济发展与环境的共生，提升经济内外循环的动力，并通过提出更加公平有效的分配制度提升人民幸福感等。在上述诸多方面，在我们整个社会正快速步入数字时代的大背景下，充分发挥数据要素的作用、促进数据要素的流通，将为生产、流通、分配等环节的进一步现代化和效能提升赋予全新的动能。

一、数据要素在促进资源配置有效性提升方面存在巨大潜能

在建设高水平社会主义市场经济体制的过程中，充分发挥市场在资源配置中的决定性作用被反复强调。为何充分发挥市场的作用对有效的资源配置如此重

[①]　杨扬，中山大学岭南学院副教授、博士生导师。研究领域为行为与实验经济学、数字经济、语言与文化经济学、人工智能与行为科学交叉研究。先后在北京大学、中国科学院、荷兰阿姆斯特丹大学获得学士、硕士和博士学位。现任中山大学数字经济与政策研究院副院长、岭南学院微观经济与数字经济教研室主任。

要？其本质是因为市场功能的发挥让很多无法以显性方式存在的信息，如个人的偏好、需求，生产的效率、不同材料、技术在生产中发挥的角色和提供的作用等都能通过市场的运转，让相应的信息通过价格发现的机制得以呈现，传递到整个社会生产体系、协调体系的不同环节中。众所周知，金融市场被创造出来之后使人类社会的经济得到了快速发展，金融市场在社会资源配置中起到了重要协调资源配置的作用，一部分原因正是金融作为独立于商品的生产和流通之外的市场，这个市场能够更加快速、有效地将不同部门、个体所拥有的信息流通起来，再将这些信息汇总、交互并反馈到实体的生产、经营和流通过程中——在某种意义上，金融作为一种更高效的协调工具助力了社会资源的配置。在数字时代，大量的数字记录、网络交互产生了前所未有的海量数据，从不同方面记录和反映着个体消费者的偏好、需求，甚至蕴含了每个消费者偏好改变的趋势、需求转变的周期等丰富的信息。如果数据要素得以流通，则会让更多更加丰富的信息流动起来，让更多更加准确、真实、及时的信息进一步在社会的生产、流通中发挥更高效的协调作用，可以更好地发挥蕴含在数据中的信息在资源配置中的作用，让市场和政府更好地协调配合，从而更好地协同助力经济、社会治理、制度设计、国家发展，助力更高质量的社会全方位协同运转。

二、数据要素流通可在现代化产业体系建设中发挥重要功能

党的二十大报告指出，加快建设现代化经济体系，着力提高全要素生产率，着力提升产业链供应链韧性和安全水平。从这一视角出发，整合产业链内部上下游的数据要素，实现关键数据的标准化、合规化之后，数据要素的生成和流通可以在多方面对一些传统的生产型行业带来升级增效的动力。

在分散化程度较高的一些传统型行业（如陶瓷产业、农户养殖畜牧业等）中，由于行业门槛较低、科技含量不高，存在大量分散化、粗放式的小型生产主体，这些生产者往往面临对行业需求信息获得滞后、产能可靠度较低、征信可得性低、融资能力不足、成本证据不足导致无法进行税收抵扣、技术升级动力不足、生产绿色化程度较低等问题，这些问题集中起来又进一步造成了行业科技含量不足、产业集约程度低协调性差、产能和质量透明度低可控性差、污染治理难度大等问题。我们通过在广州数据交易所联合几个产业集群进行的尝试案例了解到，通过规范化整合行业数据，促进上下游的数据标准化、合规化是一个解决上述问题很好的突破口：首先，行业内的数据统一合规化为零散产业主提供了税收

抵扣凭证的可信度，为产业主们提供了对生产设备进行标准化和数字化升级的动力；其次，在整合上下游数据后，为每个分散产业主的订单、产能、质量、产值等提供了有效证据，提升了全行业的征信可得性和融资能力；最后，在标准化的数据采集过程中，原料、产品、废料、能源等数据均能精确到户，这些数据为将来进一步制定行业的绿色生产标准或激励制度提供了可能，将企业的短期利益与环境和社会长期发展的目标更好地协同起来。这个案例提供的经验若能不断推广到其他有类似特征和问题的行业，将有望带动传统行业的数字化升级、标准化生产和行业的融资、环保等。

在更多的产业中，更好打通数字信息、数据要素的流通，也能促进产业链上下游企业的协作，在供需匹配上实现更及时的对接，让合作具有更高的匹配度和灵活度；能够帮助监控产业链的稳定性和安全性，对关键节点的实时监控和对同类产能的机动调动让产业链的安全性更好得到保证。

此外，在智慧医疗、高端服务业等新体系的构建中，数据要素的流通也将是促成这些新型产业发展壮大的关键一环。数据要素可能将是此类新型产业中比技术占有更重要地位的生产要素，因此在数据制度上的制定和创新、数字基础设施上的投入和保障，是促成这些行业的数据流通，或是推动此类产业发展的有效抓手之一。

三、充分发挥数据要素的作用，以更好释放经济运行循环中的动力和活力，让社会再分配和社会保障更好发挥效能

经济循环中的一大堵点，即生产、分配、流通、消费环节未能实现动态平衡，而在更多的数据要素中蕴含的协调功能得以释放后，将更好地以需求牵引有效供给，更有助于形成高效的经济循环，提升经济整体的效能。

由于数据要素承载着大量的信息，一旦充分让数据合理、合规地流通起来，必然会打破一些以往由技术限制或人为因素造成的信息壁垒，以及这些信息不透明给少数人群带来的获利机会，数据要素的流通可以在这些方面促进更加公平有效的社会资源分配。此外，可靠的数据可为商品和服务生产、流通中产生的价值分配提供新的依据，可能会改变现有很多生产分配格局中交易多方的地位，让全社会对分配机制的原则、规范甚至法律都得到改进，进而提升社会分配的公平性和有效性，这也是让经济循环更加畅通的、更能持续的一大助力。

在提升社会再分配以及社会保障功能的效能上，数据要素的功能发挥也可作

为一个重要的动力。产生于真实的生产、消费、生活场景中的数据将比传统的很多统计数据更加真实和可靠，故而以此为依据而制定的社会再分配，如定向的帮扶、救助等都将更加精准有效。在社会保障实施的过程及制度的设计中，多场景的数据匹配也能帮助核实信息，如病灾的发生、医治过程等环节里的信息真实有效，从而减少社会保障中因信息不对称造成的成本上升和效力降低。

由于数据中蕴含着大量高精度信息，与个人隐私、国家安全均有深度关联，同时由于数据具有可复制性，因此在布局和规划以数据要素流通为社会和经济发展赋能的同时，确保数据安全、保护个人数据隐私、在国家和社会层面确保数据流向和使用可控等方面应得到格外的重视，在设计数据流通机制时所要依据哪些原则、数据流通基础设施的打造都必然与设计、建设传统的实体商品市场和金融市场不同，需要发挥更多的创新思维。

但无论如何，我们可以预见，数据要素生成和流通的技术一旦成熟，相应的数据基础设施具备后，数据市场将成为经济体系中最为重要的市场之一，其释放的能量将在诸多方面改变整个经济体系和社会。

推动中国数字经济高质量发展的
机制和路径研究

朱传奇 [①]

一、绪论

近年来，数字经济的快速发展成为推动中国经济高质量发展的新引擎。2023 年 12 月，中央经济工作会议将"大力发展数字经济，加快发展人工智能"列为 2024 年经济工作的首要任务，充分彰显了党和国家对数字经济发展的高度重视。数字经济作为一种新兴经济形态，正深刻地改变着生产力布局和经济发展方式，催生新产业、新业态、新模式不断涌现，为经济的发展注入新动力。

本文通过梳理数字经济促进中国高质量发展的作用机制，分析其演进趋势发展前景，在此基础上探讨中国发展数字经济的战略机遇与优势，最后提出政策建议，以期为促进我国数字经济高质量发展贡献力量。

二、数字经济助力经济高质量发展的作用机制

（一）数字经济助力缓解中国经济发展中的突出矛盾

在全球经济增速放缓、不确定性风险加剧的背景下，中国经济发展面临多重挑战。数字经济的兴起有望为中国经济发展注入新的活力，成为化解发展难题的关键抓手。

第一，近年来房地产行业正经历重大转型。2023 年 7 月 24 日，中共中央政

---

① 朱传奇，经济学博士，中山大学岭南学院副教授。

治局会议首次指出"我国房地产市场供求关系发生重大变化",未来房地产市场的根本性的重大调整已成定局。在此背景下,大力发展数字经济成为新旧动能切换的关键举措。根据中国信息通信研究院的研究测算,到 2035 年,数字经济核心产业增加值占 GDP 的比重将升至 13.1%,基本能够覆盖房地产业下滑的缺口。

第二,随着中国服务业占 GDP 比重不断攀升,如何提升整体全要素生产率,避免经济陷入"鲍莫尔病"的困扰成为亟待解决的重大课题。第三产业中数字经济的全要素生产率快速提升,对提高整体经济效率产生了较强的促进作用。未来包括人工智能技术在内的数字技术的深入渗透,将进一步提升服务业数字化水平,有助于从根本上化解"鲍莫尔病"。

第三,截至 2023 年年底,中国 60 周岁及以上人口占比已达 21.1%,出现"未富先老"的长期挑战。数字经济的发展为中国应对人口老龄化挑战开辟了新路径。一方面,数字技术在智能家居、远程医疗、老年教育等领域的广泛应用,有助于应对老龄人口服务需求激增的挑战;另一方面,数字经济将成为培育新的经济增长点和就业岗位的重要来源,有利于化解人口老龄化的经济冲击。

(二)数字经济促进经济增长转型和产业结构升级

第一,在传统经济时代,有形的土地、资本、劳动力等生产要素是推动经济增长的主导力量。而在数字经济时代,数据作为一种新型无形生产要素开始发挥日益重要的作用。我国数据生产规模已居世界前列,在互联网普及程度和移动终端使用率方面也处于领先地位,这为充分挖掘数据要素价值奠定了坚实基础。掌握核心关键数据资源,深刻参与新的产业分工和价值分配体系,是推动中国经济高质量发展的重要动力所在。

第二,在传统工业经济时代,由于绝大部分物质产品生产存在资源约束,供给具有明显的"有限性"特征。而在数字经济时代,由于技术产品和数字服务具有"非竞争性"和"非稀缺性",理论上供给存在"无限性"和"溢出效应"。经济发展的规模报酬递增效应将更加显著,作为全球最大经济体之一,中国将进一步放大规模优势,成为全球数字经济竞争的最大赢家。

第三,数字经济由数字产业化和产业数字化两部分组成,二者相辅相成、互为支撑。数字产业化是为产业数字化提供技术产品和服务的过程,而产业数字化是运用数字技术实现传统产业转型升级。2023 年,我国第一产业、第二产业、第三产业的数字经济渗透率分别达 10.5%、24.0%、44.7%。在产业数字化方面,数字技术正加速向传统制造业、服务业等领域渗透。同时在数字产业化方面,数字内容产品、软件服务、信息技术设备等产业不断壮大，充分发挥对经济增长的乘数效应。

第四，数字经济正在加速向低碳绿色化转型，相关技术创新、模式创新和制度优化是实现数字经济绿色化转型的关键。结合人工智能、云计算等技术应用方面，中国将加大绿色设计、绿色制造和绿色运营的推广应用力度。同时，加快5G 基站、数据中心、智能终端等产品和服务的应用创新，推动产品的能源效率和利用率的双提升。

三、数字经济范式升级方向和发展前景

未来数字经济范式给高质量发展带来的广阔前景，将体现在以下几个方面：

第一，数字经济时代，数据正在取代传统有形生产要素（土地、资金、劳动力等）成为新的核心生产要素。未来，企业创新能力和国家竞争力将更多依赖于占有和利用数据等无形资产的能力。当前，我国数据资源禀赋较为富足，数据资本存量规模位居前列。充分挖掘数据要素价值，其关键在于突破数据存量向增量转化的技术"瓶颈"，最大化数据可复用性，实现规模效应和范围效应叠加。

第二，数字经济开启从有限供给到无限供给模式。传统产品生产往往面临资源和能源"瓶颈"，存在"有限供给"的特征。而数字技术产品在理论上供给是"无限的"，具有"非竞争性"和"非排他性"，供给存在溢出效应。作为全球最大经济体之一，中国超大规模市场和强大产业能力有助于最大限度地发挥规模经济效应，占据数字经济发展制高点。

第三，数字经济未来将从通用算力到智能算力。算力是信息计算力、网络运载力和数据存储力的总成，构成了数字经济发展的基础。基于大模型、AIGC 等创新，催生出面向场景的智能算力需求，我国算力发展正在从通用算力向智能算力转型升级。展望未来，随着经济社会数字化转型的不断深入，智能算力需求将持续快速增长。我国将加快算力生态体系建设，加强算力开放创新，推动算力与实体经济融合发展，为实现高质量发展注入新动能。

第四，人工智能将实现由云端 AI 走向终端 AI。过去 20 年，以 GPU 为代表的通用计算架构驱动了云端人工智能的大规模应用。但由于云端 AI 算力供给和延迟等"瓶颈"，产业界正在加速由云端 AI 向终端 AI 演进，催生新一轮智能硬件革命。智能硬件革命的到来将深刻影响终端产品形态。VR/AR/MR 等新型智能硬件设备不断涌现，消费级可穿戴智能硬件普及率也在快速提升。智能硬件将全

面融入生产生活各个场景，与人工智能应用紧密结合，成为数字经济发展的重要载体。

第五，从高耗能向绿色低碳转型。数字经济高速发展面临一定的绿色低碳转型挑战。一方面，以算力设施为代表的基础设施存在较高的能耗水平；另一方面，新型智能终端的生产制造和使用也存在一定的环境压力。因此，从供给侧和需求侧着手推动数字经济绿色低碳发展势在必行。供给侧的重点是推进绿色算力中心建设，利用人工智能等新技术优化能源利用效率；而需求侧的关键是加快芯片和终端设备的节能设计，提升材料循环利用率。在此过程中，新型制度创新、技术创新和模式创新都将发挥关键作用。

四、中国发展数字经济的四大优势

（一）中国具有超大规模市场和强大生产能力

当前，中国作为世界第二大经济体，超大规模市场和强大的生产供给能力是我国发展数字经济的重要优势。超大规模市场为数字经济发展提供了广阔的应用场景空间，能促进数据要素在更大范围流动和交换，扩大数据溢出效应，培育出更多新兴业态和商业模式。强大的生产供给能力使我国具备发挥规模经济效应的独特优势，实现算力等基础设施的高效率集聚，推动数字产业化与产业数字化互促共进。

（二）中国具有人口和数据资源禀赋优势

我国巨大的人口规模为数据生产奠定了坚实基础。与此同时，我国互联网普及率和移动智能终端使用率均居全球前列，为挖掘数据价值奠定了良好基础。未来，我国数据资源禀赋优势将得到更好彰显和更有效利用，有望成为引领数字经济发展的重要引擎。

（三）中国具有算力基础设施建设优势

算力是数字经济发展的基础，涵盖计算力、存储力和传输力三个层面。目前，我国已成为全球第二大算力体系，在超级计算、云计算数据中心等领域实力雄厚。同时，我国正加快推进"东数西算"等国家算力工程建设，着力构建全国一体化算力网络。未来，我国算力基础设施体系将日益完善，为数字经济的发展提供坚实支撑。

（四）中国具有数字经济应用场景拓展优势

数字经济的创新活力在很大程度上取决于多元应用场景的持续孕育。我国已在制造业、农业、家居业、金融业等诸多行业深度拓展人工智能等数字技术应用场景，催生了一批引领性的创新案例。相关经验的积累为未来进一步培育更多新兴场景奠定了基础。同时，超大规模市场对新场景的需求也孕育了巨大潜力。未来，我国有望充分发挥应用场景这一独特优势，塑造全球数字经济发展的新高地。

五、中国数字经济高质量发展的政策建议

（一）坚持统筹规划、系统布局

数字经济涵盖面广、链条长、系统性强，在发展过程中需要加强顶层设计和系统部署。一是要完善数字经济发展的指导思想、基本原则、战略目标和重点任务，加强统筹谋划；二是要围绕数据要素、算力和算法创新等关键领域进行统筹建设，推进重点工程协调发展；三是要注重平衡发展与安全需求，切实维护国家数据资源安全和算力体系安全。

（二）加快数字基础设施投资力度

基础设施先行是发展数字经济的关键一着。要加大通信网络基础设施、新型智能算力基础设施建设力度，培育壮大算力供给能力，推动算力基础设施绿色化、智能化、泛在化。同时，加快物联网、工业互联网等新型基础设施建设，为数据要素高效流通提供网络支撑。

（三）夯实数字经济发展要素基础

从要素供需两端发力，整体夯实数字经济发展基础。一是大力培育数据资源，加快推进数据资产确权、流通交易，推动海量数据资源向经济发展要素转化；二是做大做强算力产业，加强算力可控自主能力建设，构建算力软硬件一体化生态；三是持续加码算法创新，加大算法基础理论、技术和应用研究力度，培育本土化的核心算法。

（四）优化数字经济发展生态环境

要完善数字经济基础制度和法律法规，健全数字要素市场化配置机制，破除数字资源流通壁垒。同时加快技术创新和平台经济制度供给，培育做大数字经济主体，完善反垄断、安全审查等治理制度。还要积极参与数字经济全球规则制定，维护数字领域公平竞争环境，管控资源安全风险。

（五）充分调动企业、个人和企业市场主体的积极性

一是营造公平、透明、高效的营商环境，降低市场准入门槛，提高企业运营效率；推进"互联网＋政务服务"，提高政府服务的数字化和智能化水平。二是建立并完善市场主体的激励机制，鼓励企业在数字化转型、技术创新和产业升级方面的投入。三是通过产学研合作、职业培训和继续教育，提高企业管理层和员工的数字化素养和技能，为企业数字化转型提供坚实的人才保障。四是严格执行反垄断法和反不正当竞争法，防止市场垄断和不正当竞争行为，保障中小企业和新兴企业的市场机会。

（六）加强和促进不同主体间的协同创新

一是通过构建以市场为导向、产学研深度融合的协同创新平台，推动企业、高校、科研院所和其他创新主体之间的合作。通过搭建创新联盟、产业联盟和创新基地，形成跨领域、跨行业的创新生态体系，促进资源共享、优势互补和协同发展。二是鼓励和支持企业与科研机构、高校之间开展跨领域、跨行业的合作创新。通过政策引导和资金支持，促进关键技术攻关和成果转化，推动人工智能、大数据、云计算等新兴技术在各行业的深度应用。三是加大对中小企业创新的支持力度，提供专项资金、技术服务和政策扶持。建立中小企业创新服务平台，提供从技术研发、产品设计到市场推广的"一站式"服务，帮助中小企业提升创新能力和市场竞争力。

（七）积极参与全球数字经济治理

数字经济发展呈现显著的"多极化"态势，没有全球性统一规则，各国在本国或区域经济体范围内开展数字经济活动，中国作为全球主要经济体之一，更应积极参与全球数字经济治理进程。一是推动数字经济的全球化，逐步形成兼顾国家主权与广泛共识的数字经济国际规则；二是加强与发达国家和新兴市场国家在

人工智能、算力、数据等方面的务实合作，推动数字经济全球供应链重塑；三是支持数字技术国际化运营，推进数字经济全球化进程。

六、结语

数字经济正在深刻影响和重塑当今世界经济发展模式，为推动我国经济实现高质量发展注入新动能。当前，中国数字经济发展已站在新的历史起点，迎接着范式升级的大变革。唯有高度重视并持续推进数字经济发展，我们才能乘数字化转型的东风，在激烈的全球竞争中赢得先机。让我们坚定信心，抢抓机遇，破解难题，携手共建网络强国，推动中国经济行稳致远，为构建新发展格局注入更多活力、动力！

第六篇

构建新发展格局

关于中国经济的若干思考

蔡荣鑫①

2023 年，中国 GDP 同比增长 5.2%，2024 年第一季度，这个数字稳中微升到 5.3%，在当前国内外环境下，中国经济取得这样的成绩，殊为不易。然而，进入 2024 年，股市一度显著下行，宏观数据的暖意渐升、资本市场的乍暖还寒、微观主体的冷暖自知表明各方面显然存在一定"温差"。在中国经济仍处于复苏阶段需要巩固和增强回升向好态势之时，如果相关各方对中国经济当下状况和未来走势无法达成基本共识，势必影响预期的改善、信心的提振、政策合力的发挥以及经济复苏的进程，难以把中国经济光明论唱响和唱好。因此，正确理解中国经济既十分必要也非常迫切。

笔者认为，当前中国经济表现，既是长期经济增长的内在逻辑使然，也是短期冲击扰动的外部影响所致；未来中国经济的突围，既要化解世界百年未有之大变局下国内外需求萎缩与国内庞大产能有待消化的压力，也须应对相对滞后的产业结构与日新月异消费需求间严重失衡的挑战。

一、总量增长不易，增速下降难免

改革开放以来，中国经济已高速增长 40 多年，GDP 体量以及社会财富规模早已急剧扩大，依靠投资规模持续扩张以及外贸出口不断增加的粗放式增长模式

---

① 蔡荣鑫，经济学博士，中山大学岭南学院金融学系副教授。曾任学院 EMBA 中心主任、院长助理、学校党委组织部副部长。研究方向：私募股权与风险投资基金、兼并收购、宏观经济、经济增长与贫困问题等。在国内外学术期刊和报刊上发表文章近三十篇，出版专著《"益贫式"增长模式研究》（科学出版社）、《兼并与收购：中国案例》（清华大学出版社）；多次参与或主持各项课题。

弊端已十分明显，向效率提升和效益增长的高质量集约式发展模式转变更为迫切，否则持续增长终将难以维系。1978 年，我国 GDP 只有 3678.7 亿元，2023 年则达到 1260582 亿元，后者是前者的 343 倍。在资源约束、回报率下降等因素共同作用下，除非及时转变增长模式，从而得以依靠更少投入和更高效率来维持原有增速，否则增长速度下降是必然的。经济增长模式的转变，推动不易，实现很难；同时，新旧模式转换过程中不可避免地要付出相应代价，未能跟上时代要求形势变化的许多行业的大量企业终将被淘汰，从而对经济稳定发展带来冲击，形成压力。近年来，供求关系发生重大变化的房地产行业中相当数量的企业陆续陷入困境就是其中典型，其溢出影响既拖累时下的宏观经济表现，也影响对未来经济增长的预期。当经济整体处于调整阶段蜕变时期，增速下滑是必然的。悲观者感到无助乏力，裹足不前，困于当下；乐观者选择拥抱变化，勇毅前行，志在未来。

中国经济长期高度依赖外贸出口的持续扩张来拉动和支撑增长，但早在 2013 年，商务部就已在同年"两会"期间宣布中国成为世界货物贸易第一大国，出口总额约占全球贸易的 12%，并已成为 120 多个国家和地区的第一大贸易伙伴。在外贸出口基数已然十分庞大的情况下，贸易摩擦本就难以避免，维持出口高增长已经越来越难。次贷危机以来，全球经济阴晴不定，复苏过程曲折漫长，世界需求恢复受阻；以美国为首的西方国家不断扩大对华封锁和所谓制裁，持续施压。实际上，"脱钩断链"也好，"去风险化"也罢，其本质都是一样的，均是要竭尽所能遏制中国的发展，以期延缓或扼杀中国崛起，这既是中华民族伟大复兴历史进程中必然经历的阶段，也是世界百年未有之大变局现实形势下无法避免的考验。受此影响，以往基于成本效率考虑的全球分工协作体系正处于破裂重组的特定历史阶段，底层逻辑和优先次序被替换为所谓的安全（对于美国而言是保持绝对的领先和足够的威慑力，欧洲国家则更多强调减少过度依赖）、价值观和意识形态，过往的全球化一体化历史进程遇到阻碍。跨国公司持续调整其全球产能布局，中国境内产能满足中国需求，中国以外的世界需求由其他国家产能来满足，成为一个现实选择和已经形成的趋势。世界经济板块化、碎片化现象已经出现，并且这一趋势还将延续。叠加新冠疫情、俄乌冲突以及巴以冲突，以美国为首的西方国家为应对通胀持续加息等因素所带来的持续冲击，全球经济曲折复苏，蹒跚前行，我国外贸出口数据的变化将继续反映这方面的深刻变化。当下形势和未来前景不容乐观，此前，商务部在展望 2023 年下半年外贸形势时，曾直截了当地用上"极其严峻"的评价。2023 年年底召开的中央经济工作会议强调，外部环境的复杂性、严峻性、不确定性上升；2024 年 4 月 30 日召开的中共中央政治局会议进一步强调外部环境复杂性、严峻性、不确定性明显上升。显然，对于外部的压力和挑战，务必要有清醒认识、充分准备和持久作战的战略决心、信心、定力和勇气。

基于对上述挑战将是中长期存在且需要从持久战角度加以认识和应对的基本判断，党中央明确提出要加快形成以国内大循环为主体、国内国际双循环相互促进的新发展格局。国内大内循环既然要成为主体，扩大内需自然就成为战略基点，而其基本前提就是国内统一大市场的建成和持续扩大。国内统一大市场的建设既要有量的增长也要有质的提高，量的增长在很大程度上取决于国内需求特别是消费需求的持续恢复和增长，简言之，要解决老百姓"有钱花、敢于花、乐于花"的问题，即"三花绽放"的问题。"三花绽放"短期与经济是否能持续复苏强劲增长相关，中长期则与社会收入和财富能否更合理分配密不可分，这是关系包容性增长和共同富裕的重大调整，需要久久为功，寄望短期不太现实，若急于求成，将得不偿失。

以上种种因素所导致的国内外需求不足压力将在今后较长时间内存在，与改革开放以来我国依靠持续大规模投资所形成的巨大产能和供给能力形成矛盾，并对经济增速造成持续压制。在微观层面，产品适销不对路的企业要去库存压产量，许多原来只做或主要做外贸出口的企业要目光向内，努力以国内需求填补国外需求的萎缩；在宏观层面，相关行业要去产能，市场要出清。这个过程需要时间，这种转变颇具挑战，对此，要有清醒的认识和充足的心理准备，急不来，也折腾不起，必须也只能坚持做正确的事情，其他的交给时间。

二、结构调整较难，持续优化需时

当前，中国经济还面临结构上的严重失衡，虽然拥有庞大的供给能力以及完备的工业体系，但大多数产品与服务还只能满足中低端、低质量、低价格的消费需求，难以满足公众日益升级的多层次、高品质、多样化的消费需求。这种错位长期存在且不断演变，最终突出表现为低端层面严重供过于求，高端领域显著供不应求。供需结构上的这种严重失衡，主要原因在于商品和服务供给未能随着居民收入水平提升、人口结构变化以及消费者观念与偏好变化而及时调整，消费发展日新月异，企业与时俱进不易，供给体系的调整变化严重滞后于需求结构的演变。随着时间的推移，这种不同层次的供需失衡不断加剧，低端层面日益显著的供过于求需要通过寻求增量市场扩大出口或去产能去库存来解决，而在高端层面不断扩大的供给缺口主要通过三种方式加以解决：一是人们出境旅游顺便购买产品；二是通过海淘跨境电商进口全世界合适的产品；三是依靠国内企业勇敢地沿着产业链微笑曲线向两端攀爬，不断推出匹配消费需求的产品。其中，前两种途径虽然能满足国内升级变化的消费需求，但更多拉动的是其他国家或地区的经济增长，只有更多地依靠第三条途径，才能在不断满足国内升级变化需求的同时支撑中国经济保持一定速度的持续增长。必须鼓励和支持各行业企业坚定地走第三条道路，因为各行业千千万万微观企业的这种变革发展，最终将汇聚为宏观层面国民经济整体质的进步和量的增长，这样的增长就是有质量高水平的增长，即高质量增长。通俗而言，高质量增长一方面是现在能生产的东西质量性能要更好，关键时候不能"掉链子"，不断提升可靠性；另一方面是没有的东西要能生产得出来，特定时期关键领域不能被"卡脖子"，持续补链强链。这正是中央一直强调今后也会继续坚持的深化供给侧结构性改革的原因和意义所在。需要强调的是，供给侧结构性改革实属不易且需时较长，国内企业要沿着产业链向上攀爬，从"微笑曲线"低部向两端进军，挺进到更高层次且具有更大附加值的环节，意味着企业要开始培育自有品牌、组建研发团队、构建营销渠道等，每一项都是许多企业过去不熟悉的，每一关都是要艰难跨越的。这个过程绝非易事，势必淘汰掉许多企业，即便最终能取得成功，也非朝夕可得。对于企业而言，这是艰难且漫长的爬坡过坎过程；对于国家而言，则是需要顶住压力攻坚克难务求必胜的结构调整转型升级的发展阶段。

三、外部环境变化，趋势不容乐观

当前，中国经济正处于长期积累沉淀的深层次结构性问题以及次贷危机以来诸多新增国内外冲击和压力等多重因素同频共振的历史进程中。外部环境不容乐观，在经济领域，美国正牵头打造一个在关键核心领域不依赖中国制造的供应链体系，并试图通过加快供应链向中国周边甚至墨西哥等国家和地区转移产业链低端环节以"掏空中国"，通过推动发达国家高端制造业回流，以及强化在半导体、量子计算以及人工智能等高科技领域的"卡脖子"式封锁，在产业链顶层对中国进行压制甚至扼杀中国向高端突破的进程。

基于上述分析，任何认为中国经济在疫情防控措施调整转段后将显著复苏并持续实现较高速度增长的想法，虽然可以理解，但也不能太乐观。大家须清楚该因素只是影响中国经济表现的诸多因素之一，而其他制约中国经济增长的问题依然存在，国外负面冲击及其消极影响仍然存在且在加速演变，国内深层次结构性问题仍然在解决过程中，需要时间和空间。因此，2023 年全年能实现 5.2% 以及2024 年第一季度能实现 5.3% 的 GDP 增长率，无疑已经是全国上下不懈努力的结果，殊为不易，非常难得。只有基于对中国经济来龙去脉的清晰梳理、辩证分析和理性研判，才能心中有数，形成合理预期，进而不失信心。

四、坚持改革开放，调动"千军万马"

展望未来，笔者对中国经济前景仍然保持乐观。信心首先来源于历史，其次植根于现实。

改革开放 40 多年，中国经济的成长并非一路坦途，而是在披荆斩棘中不断前行的。在党中央的正确领导下，解放思想，实事求是，尊重人民群众的伟大首创精神，从早期认可并在全国范围内推动家庭联产承包责任制，到最终形成建设社会主义市场经济的共识，改革持续推进；加入世界贸易组织（WTO）更好融入全球分工协作体系，开放坚定前行。这个过程中，我们不断探索总结，持续推动有效市场和有为政府的更好结合，极大发挥了社会主义制度的体制优势，释放和调动了人民群众创造财富推动发展的积极性和创造性，最终创造了举世瞩目的经济成就，有力推动了中华民族伟大复兴的历史进程并为此奠定了坚实的基础。

洞察历史，方能远眺未来，我们要从改革开放的伟大历史进程中总结经验，提炼和尊重常识，凝聚和巩固共识，从而持续推进改革，破除进一步发展的障碍和阻力。要化解前述种种中国经济所面临的国内外负面冲击因素，应对长短期经济挑战，重中之重在于我们是否能够真正珍惜爱护企业家群体并充分调动企业家精神，因为宏观层面实现结构调整转型升级等问题，都必须依赖微观层面的企业去实现，任何缺乏微观基础的宏大规划和发展目标，恐怕都只能是"空中楼阁"。要解决当下中国经济所面临的各种困难挑战，必须也只能依靠千千万万微观层面的企业，勇敢地沿着各自的产业链条，在各自的行业领域和市场空间去向上突破和无畏前行。在这个过程中，企业家和企业家精神不可或缺。中国汽车产业的"换道超车"就是明证，传统燃油车时代，国外汽车巨头通过合资企业长期稳赚巨额利润，却没有如我们所愿主动转移先进技术和管理经验，"弯道超车"设想止步于现实，印证了习近平总书记多次强调必须"坚持走中国特色自主创新道路"的道理。在新能源时代，中国企业已经实现了"换道超车"，不仅在中国市场上市场占有率不断提升，在全球市场甚至欧洲也不断攻城略地，并再次有力展现了有为政府与有效市场相结合所能迸发出的能量。一方面，有为政府是必要条件，国家通过动力锂离子电池"白名单"等方式扶持培育宁德时代等国内动力电池企业；另一方面，通过购车补贴等产业政策引导了早期"蔚小理"和比亚迪等新能源汽车企业的投资，指明了方向，启动了市场，降低了相关风险。在此基础上，有效市场和奋斗个体成为破局的关键，王传福、李斌、何小鹏和李想等新能源领军企业家具有前瞻视野、远大理想和澎湃不息的企业家精神，不沉于享受，不甘于平淡，不放过机遇，选择相信自己的判断，听从国家的指引，敢于决策、能够拍板和勇于承担风险，关关难过关关过，其中甘苦，非亲历者，难以体会。

当下，中国经济问题千头万绪，而越是这样，越需要企业和企业家齐心协力，与国同行。在企业家眼中，千难万难，撸起袖子加油干，再难的事也终将有办法。无论是解决"掉链子"还是"卡脖子"问题，以一年来评估，可能是有难度的，但若以十年为周期，大概率是能突破的，这取决于做决策的企业家是短期的机会主义还是长期的战略规划。后者，需要企业家要有长期主义的理念和舍得进行关键且持续的战略性投入。整个社会要让企业家们定下心来，安神定气，凝神聚气，一心一意做企业，全心全意谋发展，诚心诚意为国家。事实上，庞大的企业家群体和弥漫于全社会的企业家精神，既是改革开放 40 多年伟大的经济成就之一，也是中国经济必将更创辉煌的坚实厚重基础和澎湃动力来源。为此，中央特别强调要倍加珍惜爱护优秀企业家，出台促进民营经济发展壮大的意见。2013 年 12 月，中央经济工作会议再次明确，要不断完善落实"两个毫不动摇"的体制机制，充分激发各类经营主体的内生动力和创新活力。政治路线确定以后，干部就是决定因素。就经济工作而言，"干部"自然就是企业家群体。只要我们相信他们、依靠他们、帮助他们，他们就会成为中国经济新长征路上的千军万马，并一定会用尽千方百计，踏遍千山万水，历经千锤百炼，成就中国经济的千红万紫。

从产业发展视角看新发展格局的构建

陈　平 [①]

一、产业发展视角下的内外循环

经济是一个宏观概念。为分析经济，我们需要把经济结构化，划分为不同的产业。产业是一个中观概念，是生产某种同类产品（或服务）的全部微观经济主体企业的集合，或称产业是链接微观与宏观的中间环节。宏观经济中的生产和再生产循环实际是一个企业利用资源和市场的过程，也是企业选择利用国内还是国外资源和市场的过程。由此，将内外循环理解为一个由两个圆环构成的跑道，企业作为运动员在其中可以选择更贴近内环还是外环前行，完成生产和再生产循环。内循环是产业对国内资源和市场的利用，外循环是产业对国外资源和市场的利用。

内外循环是可以交错进行的：一是国内资源＋国内市场，这是典型的内循环；二是国内资源＋国外市场，构成本国的出口外循环；三是国外资源＋国内市场，构成本国的进口外循环。当然，更多的是同时利用国内外的资源和市场，国内与国外的比例有大小不同的组合，具体体现在产业层面上。不同产业在资源利用环节和市场利用环节的内外组合比例可以存在较大的特征差异，有大进大出、小进大出、大进小出、小进小出几种类型。

---

① 陈平，1990 年 12 月毕业于南开大学金融系，获经济学博士学位，1991 年 1 月起任职于中山大学岭南学院，历任国际金融教研室主任、国际贸易金融系主任、经济研究所所长、岭南学院副院长，现为中山大学二级教授、理论经济学与应用经济学博士生导师，中山大学海洋经济研究中心（与国家海洋局共建）主任，南方海洋科学与工程实验室（珠海）海洋产业与政策创新研究团队首席科学家。

二、改进"总供给—总需求"框架下的外循环

"两种资源、两种市场"的产业分析思路同传统凯恩斯宏观经济分析的总供给与总需求分析并不一致。在总需求 AD=C+I+G+（X–M）的定义中，进口 M 与出口 X 被纳入总需求的构成部分，净出口作为拉动经济增长的"三驾马车"之一，出口越高、进口越少，对产能利用的拉动就越大。出口被视为注入项，而进口被视为漏出项。由此，奖出限入的新重商主义政策被奉为圭臬，长期支配着政策界。实际上，这种观念和相应的政策是不利于产业发展与长期经济增长的。出口多就一定好吗？进口多就一定不好吗？

出口是本国产业对国外市场的利用，进口是对本国产业对国外资源的利用。本质上，生产背后是要素的组合，国际贸易的背后是生产要素的交换，用由国内生产要素组合而成的商品，换取由国外要素组合而成的商品。按照比较优势原理，国际贸易正是出口本国丰裕或优势要素密集型产品，换取进口本国稀缺或劣势要素密集型产品，才能通过这种国际分工获得要素更优化的全球配置，获取贸易收益。从这个角度来看，外循环通过交换改变生产，使各国均获得了更高的资源利用效率。

出口和进口的作用都是重要的。出口结构变化反映了国内优势要素（资源、禀赋）的结构性变化，从土地密集型、劳动密集型、资本密集型、技术密集型产品出口占比刻画了产业结构由低向高的序列变化，反映了一国经济的总体国际竞争力强弱。同样，一国进口的是国内稀缺或劣势要素密集型产品，稀缺或劣势有三类情形：一是因国内先天缺失的资源，如粮食和能源，以及随产能而定的大宗商品，如铁矿石；二是因后天竞争优势演化由优转劣而外移的产品，如以轻纺工业品为代表的初级工业化产品；三是基于代表未来产业演进方向的高级最终品的技术劣势，反映高端产品国产化能力弱，提高国内有效供给和进口替代还有较大的空间。前两者的进口越多，意味着由此转移出来的相关要素资源（土地和劳动等）可应用于使用效率越高的产品生产，由此提高总体的资源配置效率；后者的进口则为国内产业未来升级、新一轮的进口替代提供产业指引和"干中学"的机会。

由此，从产业发展的视角来看，进口作为国外资源，不应列入需求端的漏出项，而应增列为供给端的注入项，进入生产函数，成为产能提升的要素投入。为避免混淆，我们将宏观经济分析反映产业发展的资源投入量和相应的产能量称为供给侧总量，即 SS=C+S+T+M；而将支撑产业发展的市场吸纳量称为需求侧总

量，即 DD=C+I+G+X。

同理，其也适用于与产业发展紧密相关的对外开放领域另一组变量：外商直接投资与对外直接投资。传统上将国际收支划分为经常账户与资本金融账户，前者被视为商品市场的国内外联系，后者被看作金融市场的国内外联系。这里要着重说明的是，将外商直接投资（FDI）与对外直接投资（ODI）列为金融账户的做法是有待商榷的。传统的这种分类将国际贸易和国际直接投资截然分属于两个不同的账户，混淆了它们对于产业发展作用的共同性。

从产业发展的视角来看，经济循环本质上是资源和市场利用的循环。内循环是产业对国内资源和市场的利用，外循环是产业对国外资源和市场的利用。国际直接投资与国际贸易一样属于外循环的重要组成部分。FDI 是国外产业性资本的流入，附属在股本投资之上的技术专利、品牌、管理、销售和信息网络等无形的高级生产要素随之流入，与国内非资本生产要素组合构成本国生产能力的有机部分。FDI 与商品进口的区别在于，进口是国外资本要素与非资本要素组合的流入，FDI 仅是国外资本要素的流入国内与本国非资本要素组合成国内产能。ODI 则是国内产业性资本要素的流出，到国外与非资本要素组合成国外产能，而出口是国内资本要素与非资本要素组合的流出。

从微观基础来看，FDI 和 ODI、进出口的抉择均由企业部门作出，国外拥有资本要素的企业可以选择在母国雇佣非资本要素生产并出口到东道国，也可以到东道国投资设厂与当地非资本要素结合，生产并销售产品；而如何选择主要基于产业链与区位优势（禀赋）、营商环境等的考虑。同理，拥有资本要素的本国企业也面临是在本国还是在国外与非资本要素结合的选择，由此决定是出口还是ODI。从这个角度来看，投资与贸易是相互替代的。

从产业发展的视角来看，可以将国际收支作新的两分法：将反映产业性资本流动的国际直接投资与反映商业性资本流动的国际贸易合并为基本收支；将反映金融性资本流动的其余资本流动称为非基本收支。这与马克思的三种资本国际循环概念相对应。

由此，供给侧总量应进一步调整为 SS=C+S+T+M+F，需求侧总量则调整为DD=C+I+G+X+O，即从不同的视角测度产业和经济规模。

对一国的开放程度或内外循环度的测度也作相应的修正，即用进口与 FDI 的GDP 占比衡量该国对外资源的依存度或开放度，用出口与 ODI 的 GDP 占比衡量该国对外市场的依存度或开放度。

三、产业发展视角下的内循环

2020 年 4 月，习近平总书记在中央财经委员会会议上首次提出构建以国内大循环为主体、国内国际双循环相互促进的新发展格局。这是在什么背景下提出的？在此背景下提出构建新发展格局对我国经济增长或发展会产生怎么样的引领作用？我们也从产业发展的视角进行相应的解读。

首先，40 多年来，我国以改革和开放为基本国策，积极参与国际分工，特别是抓住了产品内分工、跨国公司在全球布局产业链进行世界性产业大转移的历史机遇，充分发挥了我国劳动力资源丰富的优势，成为世界第一大工业国和第一大货物贸易国。我国的产业发展在全球化红利下充分利用了国外资源和市场，已建立起全球最完整、规模最大的工业体系，是全世界唯一拥有联合国产业分类中全部工业门类的国家。

然而，这种大进大出的发展格局也开始显示出越来越明显的弊端：第一，制造大国、贸易大国地位叠加次贷危机后长期的世界经济低迷，导致我国出口的国际市场容量不断收窄，出口导向型战略难以为继。第二，人口红利优势不断式微，导致国内资源承载力越来越难以支撑依靠劳动密集型产品维系的出口增长。第三，产业和贸易结构迈向高级化，意味着中国与以美国为代表的发达国家在世界资源和市场中的争夺日趋激烈，随着美国总统唐纳德·特朗普的上台，中美摩擦被摆在明面且日益激烈，并且从贸易争端（市场争夺）上升到科技争端（技术资源争夺）。发展格局的转变已势在必行，新发展格局的提出实际上是在主动矫正以往大出大进方略的缺陷，向内外均衡型经济回归，是对我国经济发展战略转变实践高度的理论凝练。

构建以国内大循环为主体、国内国际双循环相互促进的新发展格局，从产业发展的视角来看，就是降低对国际资源（包括技术）和市场利用的依存度，相应提升和主要依靠国内资源和市场利用，特别是高附加值产业或产业链高价值环节更为如此。

首先，提高和振兴本国居民消费，以降低本国对国外市场过高的依存度，使我国成为超大规模市场，为本国经济增长和产业升级提供持续的市场支撑。特别是在产业从技术产品化转入产品规模化的生命周期阶段，市场支持是关键。

其次，配合扩大进口政策，使中国不仅是"世界工厂"，还是"世界市场"，以提升本国市场对外资的粘性，加大跨国公司"销地产"布局的吸引力，实施"反脱钩"，尽可能延续新形势下的以市场换技术策略，加快我国技术进步和产业升级的步伐。

再次，应加快构建全国统一大市场，倒逼国内打破地方保护主义，消除地区间的贸易壁垒和市场零碎化，促进国内形成真正的统一大市场，从而为产业发展进一步获得规模经济的益处，降低制造成本和营运成本；构建国内统一的要素大市场，让市场真正在全国范围内的资源配置中发挥决定性作用，进而更好地发挥有为政府和有效市场有机结合的作用，集聚国内优质的创新资源，大幅提升本国自主创新能力。近期内，寻求"卡脖子"技术的突破，打造国内"专精特新"企业、"产业链链主"企业和隐形冠军企业，以技术维护在国际市场的竞争优势。从长期来看，寻求新质生产力的突破，特别是在战略性新兴产业和未来产业领域实现科技内循环，实现全面的产业升级和产业链升级，将产业发展从贸工技路线拉回技工贸路线。国内统一要素大市场配合国内统一商品大市场，才能真正实现供求互促、供产销并进、畅通高效的国内大循环。

从次，以国内大循环为主体，降低对国外资源和市场的过度依赖，并不是要回到封闭经济，而是要构建开放条件下的内循环，以此为依托积极塑造高标准、高水平的主动型国际循环。在这种新型的国际循环中，我国更好地发挥大国优势，使国内大循环和国际循环在更安全、更有效率的层次上实现结合和互动，增强两个市场、两种资源的协同联动效应。一方面使我国以更安全、更具韧性的国内经济体系融入我国主导或参与主导的全球经济体系，更稳健、高效地利用国外市场和资源，以促进我国经济持续高效的增长和人均收入的更快提升；另一方面更好地带动和激活国际循环，为各国提供更好的市场机会，使我国成为吸引集聚全球优质要素资源的强大"引力场"，促进全球共同繁荣。

最后，需要指出两点，一是以国内大循环为主体，也并非一味地、全领域地降低对外开放政策力度。对外开放不仅有度或量的考量，更多的是还有结构、质量的考量，应基于安全和效率权衡的原则，比较国内外资源、国内外市场利用在各个细分领域的利弊，以确定对外开放细分领域有增有减的调整。二是不同产业的国际贸易和投资的结构会存在迥然不同的差异，由此引出不同产业发展的内外循环的边界差异。一般而言，处于生命周期越早阶段的产业，边界会更偏向内循环。

四、产业发展内外循环边界的理论与政策思考

内循环与外循环的边界是指它们之间最优比率的确定。如前所述，这一边界

问题既存在于宏观层面，更体现在产业层面，甚至在企业层面。但无论在哪个层面，都要思考一个问题：确定内外循环边界的因素是什么？

总体而言，这个边界的确定是经济和产业发展的效率与安全权衡问题。对外开放使一国经济和产业发展可供利用的资源和市场双双得以拓展，提高了国内供给端总量和需求端总量，从而提升了经济和产业发展水平，但对外依存度过高，对国外资源、技术和市场的过分依赖带来了产业或产业链安全的隐患。这种隐患会因地缘政治冲突的恶化而被日趋放大，这种风险目前是技术和市场上被"卡脖子"的发展问题，未来可能是更致命的能源和粮食上的生存问题。

因此，外循环相较于内循环是高收益、高风险的，构建我国以国内大循环为主体、国内国际双循环相互促进的新发展格局，将产业发展拉回技工贸路线，重在提升我国产业和产业链的安全和韧性。

为此，理论上需要进一步探讨两个问题：一是如何将可测度的产业韧性和效率纳入并修正政府的高质量发展目标函数，并细化到所有不同产业基于这种基于效率与安全权衡的发展路径上。二是达成宏观层面和产业层面内外循环边界的有效政策手段是什么？

在政策研究上，以下两个问题值得重点思考：

（一）区域贸易投资协议问题

在讨论内外循环问题时，区域贸易投资协议的角色是一个有趣的话题。从性质上说，作为本国与其他缔约成员国之间有义务约束性的经贸安排，区域贸易投资协议是介于内循环与外循环之间的一种存在；对于内循环而言，本国与其他成员国之间的贸易投资属于外循环。但对于本国与非缔约国的纯外循环而言，本国与其他成员国之间的贸易投资有更高的安全性和稳定性，具有一定的内循环性质。不同的区域贸易投资协议有哪些不同的效率和韧性特征？如何发挥区域贸易投资在内外循环效率与韧性兼顾中的技术性作用？

（二）行业有效汇率管理问题

对于宏观层面的内外循环边界的达成，实际汇率是最有效的政策工具，但对于不同产业的边界，实际汇率的"一刀切"效果显然不行，必须辅以产业政策的择类性效果。

如何从政策上调整实际汇率达成政策最优水平？理论上，短期调整容易实现，通过外汇干预或货币政策均可实现。长期的实际汇率管理唯有通过资本流动的管理来达成。通过持续的资本净流入，推动名义汇率升值，进而带动实际汇率的升值；通过持续的资本净流出，维系本币的持续低估。因此，对于实际汇率的管理而言，完全放开资本金融账户是不可取的。管控金融性资本流动的方向和数量，是市场化汇率管理的有效路径。

在产业政策上，不同产业间内外循环边界差异的达成，除特殊性的数量性政策措施外，主要依靠如补贴、关税、利率优惠等价格性措施来辅助实际汇率，形成产业（行业）有效汇率来调节对外依存度。对于技术成熟的产业而言，发展的主要"瓶颈"在于市场，资源主要依靠内循环形成的庞大国内产能需要市场的外循环持续扩大以支撑其未来的发展，由此需要我国政府实施出口导向、鼓励企业"走出去"的产业政策支持。技术不成熟的新兴产业，是未来我国人均 GDP 提升的关键产业，其发展的"瓶颈"在于资源特别是高端技术，只有通过自主研发与从国外引进设备和投资双管齐下实现技术突破，方能形成新时期持续的进口替代，进而生成本国新的竞争优势产业，由此也要求我国奉行进口替代型的产业支持策略。

建设全国统一大市场推进国内贸易发展

李　兵①

构建全国统一大市场的底层逻辑可以追溯到一个古典经济学的基本原理，即市场规模越大，劳动分工就越精细，分工越精细，生产效率就越高。在此后发展起来的纳入规模报酬递增的分析框架下，更大的国内市场规模还会使国内企业获得更大的国际市场竞争优势。因此，在全球经济增长乏力，国际政治经济关系风云突变的外部环境下，以及国内经济发展向着高质量内涵式发展方式转变的内部变革中，建立国内统一大市场，成为一个必然的政策选择。

2022年，中共中央、国务院发布了《中共中央　国务院关于加快建设全国统一大市场的意见》，提出了建设全国统一大市场，主要目标包括：持续推动国内市场高效畅通和规模拓展，加快营造稳定公平透明可预期的营商环境，进一步降低市场交易成本，促进科技创新和产业升级，培育参与国际竞争合作新优势。

一、全国统一大市场的经济效益

统一市场的建设对中国经济应该至少有以下潜在益处：第一，市场规模扩大。统一市场将整合各地区的市场，扩大市场规模，为企业提供更广阔的市场机遇。这将带动内需的增长，促进消费和投资的增加，推动经济增长。第二，资源优化配置。统一市场能够促进资源的自由流动和优化配置。不同地区的资源可以根据市场需求进行有效配置，提高资源利用效率，推动产业链的优化和升级。第三，创新和技术进步。统一市场有助于形成更完善的产业生态系统，促进创新

---

①　李兵，经济学博士，副教授，中山大学岭南学院经济系主任。

和技术进步。资源和人才的自由流动将加强不同地区之间的合作和交流，推动技术创新和经验分享，培育新的增长引擎。第四，降低交易成本。统一市场消除了地区之间的壁垒和差异，降低了企业的交易成本，企业可以更便捷地开展跨地区业务，减少物流和行政手续等方面的成本，提高企业的竞争力。第五，吸引投资和人才。统一市场具有更大的吸引力，能够吸引更多的投资和人才流入，投资者和人才将更倾向投资和工作在具有统一市场的地区，这将促进经济发展和就业机会的增加。第六，加强国际竞争力。通过建设统一市场，中国经济将更具竞争力，更能应对国际市场的挑战，统一市场将加强产业链的整合和优化，提高企业的综合竞争力，有利于中国企业在国际市场上获得更大份额。第七，推动区域协调发展。统一市场建设将促进各地区之间的协调发展，缩小地区间的经济差距，实现更加平衡的区域发展，这有助于促进经济社会的均衡发展，提高人民群众的生活水平。

综上所述，国内统一大市场的建设对中国经济具有巨大的潜在益处。通过扩大市场规模、优化资源配置、促进创新和技术进步，统一市场将成为推动中国经济增长、提升竞争力的重要引擎。

二、建设全国统一大市场面临的主要障碍

建设全国统一大市场面临的主要困难就是市场分割。市场分割是指在一个国家或地区内，不同地域之间存在各种障碍和差异，导致市场的一体化程度较低。国内市场的分割是由多方面因素造成的，具体包括以下几个方面：第一，地区壁垒。不同地区之间存在行政壁垒和管辖边界，包括行政审批、市场准入等方面的差异。这导致企业在不同地区开展业务时需要面对不同的规章制度和审批程序，增加了企业的交易成本和运营难度。第二，跨地区差异化政策。各地区会制定不同的产业政策、税收政策、优惠政策等，以吸引投资和促进本地经济发展。这导致企业在不同地区面临不同的政策环境和待遇，影响了市场的一体化。第三，货物和服务流通限制。由于地区之间的差异，货物和服务流通存在限制。例如，地方保护主义导致一些地方对外地产品和服务设置壁垒，限制了跨地区交易和合作。第四，市场准入壁垒。不同地区之间的市场准入标准和条件存在差异，限制了企业在不同地区的进入和发展。这可能包括行业准入门槛、资质要求、土地使用限制等。第五，文化和习惯差异。中国各地区拥有不同的文化背景和消费习惯，这导致了市场需求的差异化。企业需要根据不同地区的特点和需求进行定制

化经营，增加了市场分割的程度。第六，数据和信息障碍。数据和信息的不对称性和不完善性也是市场分割的表现之一。不同地区之间数据共享和信息流通的不便利会导致市场交易的不透明性和效率低下。第七，品牌认知和知名度。不同地区对品牌认知和知名度也存在差异。一些地区对某些品牌更加熟悉和信任，而其他地区可能对同样的品牌知晓度较低。这导致品牌在不同地区的市场份额和影响力存在差异。第八，金融体系障碍。中国的金融体系在不同地区之间存在差异。一些地区的金融资源和金融服务更加发达，其他地区则相对滞后。这导致不同地区的企业在融资、支付和风险管理等方面面临不同的挑战，加剧了市场分割。

市场分割导致中国国内市场的一体化程度不高，各地区之间的经济联系和资源配置存在一定的障碍。建设统一大市场的任务之一就是克服这些导致市场分割的因素，推动市场的一体化发展，促进国内贸易增长。

与此同时，国内统一大市场的建设也确实面临一些困难和挑战，主要包括以下方面：第一，地区发展差异。中国各地区的经济发展水平存在较大差异，一些发达地区拥有先进的产业和发达的基础设施，一些欠发达地区则面临发展滞后和资源匮乏的问题，统一大市场的建设需要解决这种不平衡发展的问题，确保各地区都能够平等分享大市场带来的机遇和红利。第二，市场监管和法律体系。统一市场需要一个健全的市场监管和法律体系，以维护市场秩序、保护企业和消费者的权益，然而，在实际操作中，由于地方利益和监管机构之间的协调问题，监管力度和执行效果可能存在差异，从而可能出现市场乱象和不公平竞争的情况。第三，文化差异和地方保护主义。中国各地拥有独特的文化背景和地方特色，这可能导致在统一大市场建设中出现文化差异的冲突和障碍。此外，地方保护主义也可能阻碍资源和人才的自由流动，限制市场的一体化程度。第四，信息不对称和不完善的数据共享。在一个庞大的市场中，信息的不对称和数据共享的不完善可能成为制约统一市场发展的因素，企业和消费者可能面临信息获取困难，导致市场交易的不透明性和效率低下。第五，政策协调和合作。统一市场的建设需要各级政府之间的协调和合作，不同地区之间的政策差异和利益冲突可能导致政策协调的困难，影响市场的一体化进程。

三、建设全国统一大市场的政策措施

面对这些困难，政府需要采取一系列政策和措施，如加强政策协调、完善法律法规、推动信息共享和技术创新等，以促进统一大市场的建设和发展。同时，

加强公众教育和沟通，增强各方的共识和支持，也是推动统一市场的关键因素。具体而言，政策措施包括以下几个方面：第一，确保市场准入和加强公平竞争。在统一市场中，确保市场准入的公平和透明是一项重要任务，各地的行政审批和市场准入标准需要统一和规范，以避免地方保护主义和不公平竞争；此外，建立健全的反垄断法律和机构，打击垄断行为，保护市场竞争的公平性也是关键。第二，产业结构调整和转型升级。国内统一大市场的建设将推动不同地区和行业之间的资源流动和优化配置，然而，一些地区和行业可能面临结构调整和转型升级的挑战，为了实现经济的可持续发展，政府需要制定相应的政策，促进产业的升级和转型，帮助企业适应市场变化。第三，加强知识产权保护。在统一市场中，知识产权的保护至关重要，缺乏有效的知识产权保护会影响创新和技术转移，挫伤企业的创新积极性，因此，强化知识产权法律和执法力度，提高知识产权保护的效果，是建设统一市场的重要环节。第四，跨地区合作和协同发展。统一市场的建设需要各地区之间的合作与协调，政府可以推动跨地区的合作项目和合作机制，促进资源共享和互补优势，推动地区之间的协同发展。第五，人才流动和培养。统一市场需要大规模的人才流动和培养，政府可以鼓励人才的跨地区流动，提供便利的人才流动机制和政策支持；此外，加强人才培养和职业教育，提高劳动力的素质和技能，也是建设统一市场的重要举措。第六，基础设施建设。政府可以加大基础设施建设的投资，改善不同地区之间的交通、通信和能源等基础设施，包括建设高速公路、铁路、通信网络和电力供应系统，提升跨地区贸易的物流效率和便利性。第七，信息共享与透明度。政府可以建立和完善跨地区的信息共享和市场监测机制，提供准确和及时的市场信息。这有助于企业了解不同地区的市场需求和供应情况，降低信息不对称的风险，促进跨地区贸易的顺利进行。第八，跨地区合作和产业集群。政府可以鼓励不同地区之间的合作与交流，促进产业集群的形成和发展，通过共享资源、技术和市场信息，不同地区的企业可以互补优势、提高竞争力，促进贸易流量的增加。第九，文化交流与合作。政府可以加强不同地区之间的文化交流与合作，促进商务人员之间的理解和合作，包括举办贸易展览、商务交流活动和文化交流活动，培养商业人才和跨文化沟通能力，推动跨地区贸易的发展。

综上所述，国内统一大市场的建设面临多重困难和挑战。但通过政府的积极推动和各方的合作努力，这些挑战可以被克服。统一市场的建设将为中国经济带来巨大的机遇和红利，促进国内贸易发展，推动经济的可持续发展和繁荣。

统筹调控与改革，
构建现代宏观经济治理体系

林建浩①

在内外环境深刻变化和三重压力的背景下，本文认为完善宏观经济治理体系的根本是实现宏观调控和深化改革的统一，进一步提出五个"有机结合"提升政府宏观经济治理能力：第一，把实施扩大内需战略同深化供给侧结构性改革有机结合起来是当前宏观经济治理的首要要求；第二，把"稳增长"和"防风险"有机结合起来是统筹发展和安全两件大事在宏观经济治理中的重要体现；第三，把国家发展规划的战略导向与财政货币政策的宏观调控有机结合起来是新时代"两步走"战略安排的重要保障；第四，把跨周期设计和逆周期调节有机结合起来是宏观经济治理实现稳增长和防风险动态均衡的重要抓手；第五，把实际干预和信息干预有机结合起来是宏观经济治理锚定市场预期的政策创新。

一、统筹宏观调控和深化改革是宏观经济治理体系的根本特征

党的十八大以来，以习近平同志为核心的党中央在宏观经济治理领域提出了一系列重大科学判断和理论创新。《中华人民共和国国民经济和社会发展第十四个五年规划和 2035 年远景目标纲要》首次将"完善宏观经济治理"作为提升"政府经济治理能力"的首要内容，对健全宏观经济治理体系的总体框架、主要功能、分工层次作出整体设计，明确提出"健全以国家发展规划为战略导向，以

① 林建浩，经济学博士，中山大学岭南学院教授、博士生导师，岭南学院院长。担任中山大学粤港澳大湾区数字经济与数据科学实验室主任、中山大学数字经济与政策研究院院长、中山大学数字人文联合研究院副院长。

财政政策和货币政策为主要手段，就业、产业、投资、消费、环保、区域等政策紧密配合，目标优化、分工合理、高效协同的宏观治理体系"。从宏观经济调控体系到宏观经济治理体系，是对宏观经济管理的理论和政策体系的拓展和创新，是对新发展阶段、新发展理念、新发展格局历史方位下大国经济运行规律认识的飞跃。

党的二十大报告进一步提出，"健全宏观经济治理体系，发挥国家发展规划的战略导向作用，加强财政政策和货币政策协调配合，着力扩大内需，增强消费对经济发展的基础性作用和投资对优化供给结构的关键作用"。宏观经济治理的基本内容具有很强的连续性和稳定性，但是具体的战略要求表述又有创新和变化，再次突出对"扩大内需"的重视。对此，我们要认真学习、深刻领会好完善宏观经济治理体系这一战略部署，绝不能简单理解为回到传统的宏观调控。

实现宏观调控和深化改革的统一是宏观经济治理体系的根本特征。进入高质量发展阶段以后，中国经济增速换挡是潜在增长率下降和负向需求冲击长期化两者叠加的结果。人口、劳动力、技术、全要素生产率等影响经济增长长期趋势的供给侧要素发生深刻变化，是矛盾的主要方面；国际需求在波动中持续收缩，国内有效需求没有得到释放，这些负向需求冲击长期化则是助推因素。因此，只有将宏观调控与深化改革统一起来，才能真正提升宏观经济治理的效能。然而，如何形成调控与改革互为支撑、良好互动的局面，是复杂的政策实践问题。

一方面，必须通过深化改革扩大宏观调控的政策空间，提升宏观调控的政策效能。完善宏观经济治理，基础性工作是构建高水平社会主义市场经济体制。必须坚持全面深化改革，不断化解经济发展中的结构性、体制性矛盾，着力打通堵点。当前，只有健全现代预算制度，优化税制结构，完善财政转移支付体系，才能进一步扩大财政政策的乘数效应；只有不断深化金融体制改革，建设中央银行制度，推动金融体系供给侧改革，不断疏通货币政策传导机制，才能提高货币政策的有效性。

另一方面，既不能因为应对短期重大冲击而延误甚至错失改革时机，也不能因为急于求成而在不适宜的经济周期阶段推出改革举措。为应对2008年国际金融危机的冲击，国家出台以大规模增加政府投资为主要内容的"一揽子计划"，稳定了市场预期，使经济迅速触底反弹。但是后续研究发现，中国经济潜在增长率的下降早在2006~2008年便开始出现。当前，中国经济面临很多周期性的负向冲击，在改革攻坚阶段要选准时间窗口，如果在经济处于疲软之时密集推出方向相反的约束性改革，可能改变市场主体对经济增长的长期预期，挤压宏观调控空间，最终反噬改革效果或者打乱改革步调。例如，房地产税和遗产税在当下作为稳定资产锚不宜操之过急，但产权改革与要素市场化改革正当其时，尤其是作为数字经济发展基础的知识产权、数字要素产权领域，能够为经济高质量发展奠定长期制度基础。

因此，实现宏观调控与深化改革的统一，必须坚持稳中求进的总基调和系统观念，让宏观经济在"趋稳"的情况下完成"蓄势"，这是推动高质量发展对于宏观经济治理的核心要求。为此，需要做到五个"有机结合"。

二、实现扩大内需战略和供给侧结构性改革的有机结合

把实施扩大内需战略同深化供给侧结构性改革有机结合起来是当前宏观经济治理的首要要求。实施好扩大内需战略是应对外部冲击、稳定经济运行的有效途径，是增强发展内生动力的关键所在。超预期因素越是增多，内外部环境不确定性越是增加，我们在扩大需求上就越要积极作为。当前，财政政策和货币政策要强化逆周期的精准调节，做到适时适度，把扩大需求的政策落实落细。相比单纯地通过信贷或者基建来扩张总需求，财政直达消费可绕过产业链传导的阻碍，有助于市场有效需求发现。深化改革应坚持以供给侧结构性改革为主线，持续推动科技创新和制度创新，以供给侧改革引领和创造新需求，释放有效需求；推动国内统一大市场建设和开放，形成国内大循环和国内国际双循环畅通的高效运作制度，构建各类生产要素自由流通和公平竞争的市场化配置格局，推动经济实现质的有效提升和量的合理增长。

三、实现"稳增长"和"防风险"的有机结合

把"稳增长"和"防风险"有机结合起来是统筹发展和安全两件大事在宏观经济治理中的重要体现。当前，世界百年未有之大变局加速演进，中国进入外部冲击频发期。"统筹发展和安全"已经成为"十四五"时期我国社会经济发展的重要指导思想，党的二十大报告更是明确要以新安全格局保障新发展格局。具体到宏观经济治理中，发展对应经济增长，安全对应经济风险。因此，统筹发展和安全，就是必须把"稳增长"和"防风险"两个目标有机结合起来，实现两者的动态平衡和互相支撑。在扩大内需和供给侧改革来稳增长的过程中，政府应强化底线思维和风险意识，构建经济安全风险预警和防控机制，全面提升金融体系、

产业链供应链的韧性，保证经济安全。与此同时，将"防风险""抗危机"作为宏观经济治理的常规工作，针对可能出现的各类极端情形，进行"有冗余度"的政策储备与模拟。

四、实现发展规划和财政货币政策的有机结合

把国家发展规划的战略导向与财政货币政策的宏观调控有机结合起来是新时代"两步走"战略安排的重要保障。党的二十大擘画了以中国式现代化全面推进中华民族伟大复兴的宏伟蓝图，明确了全面建成社会主义现代化强国"两步走"的战略安排。国家发展规划是对"两步走"战略安排的分阶段任务分解与筹划，宏观经济治理必须"以国家发展规划为战略导向"，才能确保国家战略目标、战略任务和战略意图的实现，确保一张蓝图绘到底。而财政政策和货币政策是宏观调控的主要手段，更多的是应对短期挑战，尤其服务于实施扩大内需战略，推动需求恢复。在国家发展规划的具体实施推进和执行中，加强财政政策与货币政策的协调配合至关重要。由于财政政策与货币政策分属不同部门实施，具体锚定目标不同，总量管理以货币政策为主，结构调控更多地体现在财政政策上。当前，发挥国家发展规划的战略导向作用，加强财政政策和货币政策协调配合，形成政策合力，必须避免政策互相重叠导致过度放大或过度收缩政策实际执行力度，或者出现方向相反而导致政策效力互相抵消。

五、实现跨周期设计和逆周期调节的有机结合

把跨周期设计和逆周期调节有机结合起来是宏观经济治理实现稳增长和防风险动态均衡的重要抓手。由高速增长阶段转向高质量发展阶段是新时代我国经济发展的基本特征，中国的宏观经济也存在中长期的波动，经济结构会出现大量中期变化因素。传统逆周期调节往往只关注"熨平"短期的经济波动，可能出现宏观政策力度过大而带来金融风险加剧、产能过剩等问题。随着各种外部冲击的频发，频繁使用逆周期调节还可能压缩宏观政策空间，降低政策连续性并带来新的政策不确定性问题。跨周期设计需要加强以国家发展规划为战略导向的方向性和趋势性引领作用，着力提高宏观治理体系调控不同经济周期的前瞻性，包括进一步明晰对供给侧结构性改革的规划，着力提高全要素生产率，使年度调控措施与长期结构调整目标保持一致。可以说，跨周期设计是宏观调控向宏观经济治理升

级的重要抓手，然而目前尚未有成熟方案，应继续深入研究跨周期与逆周期调控有机结合的主要模式和具体政策。

六、实现实际干预和信息干预的有机结合

把实际干预和信息干预有机结合起来是宏观经济治理锚定市场预期的政策创新。《中华人民共和国国民经济第十四个五年规划和 2035 年远景目标纲要》明确提出，要健全宏观政策制定和执行机制，重视预期管理和引导。习近平总书记也在多次讲话中强调，要"加大舆论引导力度""善于引导预期""坚持稳政策稳预期"。因此，将实际干预和信息干预有机结合是完善宏观经济治理体系的政策创新。尤其是当前我国经济面临需求收缩、供给冲击和预期转弱三重压力，预期转弱将导致经济下行的恶性循环，也将影响宏观调控的有效性，不利于实现经济平稳发展。中国人民银行的制度化货币政策沟通实践证明，通过信息干预引导市场政策预期是行之有效的预期引导方法。除了货币政策，财政政策、产业政策、区域政策等都可以增强信息干预和实际干预的有机结合，保证"言行一致"，减少市场主体的政策不确定性感知，及时引导市场走势和企业行为，提升稳定和引导市场预期的水平。在当前国内外形势复杂多变、市场预期剧烈波动的影响下，我国应该构建"预期监测平台＋预期管理工具＋预期管理机构"三位一体的预期管理体系，在政策出台前后及时加强与市场沟通，有效锚定市场预期，并在此基础上总结形成有中国特色的预期管理理论。

以系统性集成性制度
创新扩大高水平对外开放

鲁晓东 [①]

习近平总书记在党的二十大报告中高度肯定了过去五年和新时代十年中的伟大变革和取得的伟大成就。在对外开放领域，由于"我们实行更加积极主动的开放战略"，在"一带一路"建设、货物服务贸易规模以及外资领域取得了长足的进步，"形成更大范围、更宽领域、更深层次对外开放格局"。党的二十大报告提出，"加快构建新发展格局，着力推动高质量发展"，明确了未来五年经济建设领域，尤其是对外开放领域战略方向。2023 年 12 月召开的中央经济工作会议更是围绕"扩大高水平对外开放"作出了重要的战略部署。

开放是中国的基本国策，更高水平的开放是中国顺应全球自由贸易发展趋势和本国发展阶段，深度融入世界经济，实现高质量发展的战略选择。进入 2023 年，世界经济的复苏进程严重受阻，俄乌冲突的爆发导致全球经济剧烈动荡，国际能源和农产品价格高企，大宗产品价格飙升，通货膨胀加剧，世界百年未有之大变局以一种超预期的态势影响全球经济前景。在这种情势下，中国实现更高水平开放的定力以及为此擘画的宏伟蓝图经受着前所未有的考验。当然，也正是在这种情势下，更高水平开放的历史意义和时代价值得以进一步凸显。

---

① 鲁晓东，中山大学岭南学院教授、博士生导师，现任岭南学院副院长、中山大学自贸区综合研究院副院长、中国世界经济学会理事、中国美国经济学会理事、中山大学转型与开放经济研究所研究员、麻省理工学院斯隆管理学院访问学者、"安子介国际贸易研究奖"获得者。2008 年毕业于南开大学，获经济学博士学位，现主要从事国际贸易、国际投资及国际金融等领域的教学和研究工作。

一、中国扩大高水平开放的必要性和意义

（一）更高水平对外开放是中国开放经验累积之后在新发展阶段的历史必然

习近平总书记指出，"过去40年中国经济发展是在开放条件下取得的，未来中国经济实现高质量发展也必须在更加开放条件下进行。"作为中国的基本国策之一的对外开放经过40多年的摸索和经验积累，走过了非凡的历程，也取得了举世瞩目的成就。中国不仅在货物贸易占全球市场的比重达到了空前的高度，而且在利用外资和对外投资方面表现抢眼，在全球经济深度调整期间成为支撑全球跨国投资的中流砥柱。在这种情况下，传统的以开放度、贸易成本等为代表的开放评价体系已经不适应当前中国进入新发展阶段的要求，迫切要求以更高的开放理念推动中国对外开放进入更加高级的阶段。

（二）更高水平对外开放是立足新发展阶段、贯彻新发展理念、构建新发展格局的应有之义

经过40多年高速发展，中国的经济体量已经日渐接近世界最高水平，经济发展也进入高质量发展阶段。创新、协调、绿色、开放、共享的新发展理念对经济发展的模式以及开放的形态提出了更高的要求。在党的二十大报告中，习近平总书记深刻阐明了高质量发展与高水平对外开放的关系。要推动高质量发展，就是要"坚持高水平对外开放，加快构建以国内大循环为主体、国内国际双循环相互促进的新发展格局"。

（三）更高水平对外开放是应对国际多重复杂环境变化，提高经济韧性的应对之策

自2008年国际金融危机以来，全球化的线性发展趋势遭遇到了空前的挑战，贸易保护主义抬头，国际规则面临深度重构，使中国对外开放的国际环境发生了深刻变化，尤其是在新冠疫情的叠加影响下，世界经济中的风险因素和不确定性日益增多，加快了世界百年未有之大变局的进程。另外，新一轮的技术革命和产业升级正在孕育之中，世界主要国家在科技制高点上的争夺日趋激烈，绿色低碳的发展诉求成为世界各国为数不多的理念共识。以上各种因素交织叠加在一起，构成了日益复杂的国际环境，对中国经济发展的韧性提出了更高要求。

（四）更高水平对外开放既是开放理念的升级，也需要以更加系统化、集成化的制度体系作为支撑

尽管中国在加入世界贸易组织（WTO）之后，进入遵守国际多边规则的制度型开放阶段，但并未触及制度体系中存在的根本性问题。过去40多年以政策型开放为主，其重要特征是以促进商品和要素的跨国流动性，在开放发展的早期，其政策红利效果非常明显。随着中国进入新发展阶段，对外开放将呈现新的特征。2018年12月召开的中央经济工作会议首次提出"推动由商品和要素流动型开放向规则等制度型开放转变"，标志着我国对外开放进一步向制度层面的纵深推进，这就需要以更加系统化集成化的思维模式来设定对外开放的政策路径。

二、高水平开放思想的历史演进和内涵溯源

更高水平开放思想是中国传统开放思想的延续和升级。建党百年以来，我国经历了从封闭到半封闭再到开放的历史发展过程，经过不断探索确立了对外开放基本国策，形成了内容丰富且具中国特色的开放发展理论。

（一）从东部沿海开启的渐进式开放（1978~1991年）

1978年，党的十一届三中全会确立了解放思想、实事求是的思想路线，作出了进行改革开放的伟大战略决策，邓小平同志以巨大的政治勇气和超前的智慧带来了开放理念的回归。在对外开放的启动阶段，出口加工区、经济特区的设立是我国对外开放最初尝试，作为对外开放的排头兵，这些特殊区域发挥其内外联动的示范作用，并以此为突破口，撬动了经济增长极。在实行沿海经济发展战略中，通过吸引出口加工外资，并充分利用我国劳动力成本的比较优势，以"三来一补"为特征的加工贸易蓬勃发展，为下一阶段开放的升级提供了经验和资本的积累。随着我国经济体制改革和开放进程的加快，对外贸易也由高度集中和统一管理的保护型外贸体制向开放型、自由化的外贸体制转变。

（二）以市场体制推动开放全面深化（1992~2001年）

1992年10月召开的党的十四大提出建立社会主义市场经济体制，市场合法性的确立为中国对外提供了前所未有的制度动力，中国对外开放进入深化阶段。在利用外资方面，《中华人民共和国公司法》《外商投资产业指导目录》等文件的

出台为外资更大范围进入中国打下基础，中国各地掀起利用外资的热潮。在此阶段，特殊经济区体系不断丰富：第一个保税区、第一个边境经济合作区、第一个国家级高新技术产业开发区、第一个国家级新区先后设立。特殊经济区承担着政策和制度创新的职责，是中国对外开放的核心举措和市场经济改革的"实验室"。在体制改革方面，汇率"并轨制"和人民币在经常项目下有条件可兑换，促进了中国出口导向型经济的发展。在外贸体制改革的过程中，制度红利开始转化为市场的优势，中国对外贸易增长起速，年平均增长率达到15%。

（三）全面对接国际经贸规则（2002~2012 年）

2001 年，中国加入 WTO 意味着开放经济发展的范围、领域、地域、水平和能力等都发生了根本性变化，也意味着正式对接国际经贸投资规则，实现国内经济体制与 WTO 规则的接轨。在加入 WTO 后，中国积极参与全球价值链分工，逐渐融入"国际循环"之中，货物贸易额在此阶段跃居世界第一。与此同时，服务贸易呈高速发展。2007 年，党的十七大提出，"把'引进来'和'走出去'更好地结合起来"，进一步完善开放型经济。随着多哈回合谈判陷入僵局，以 WTO 为代表的多边进程严重受阻，而区域经济合作呈现方兴未艾的态势，在此背景下，中国积极推动区域经济合作，正式成为《曼谷协定》成员，正式建设了世界最大的自由贸易区——中国—东盟自由贸易区（CAFTA）。

（四）大国的使命担当（2013 年以来）

2013 年，国务院正式批准设立中国（上海）自由贸易试验区，中国进入构建开放型经济新体制和构建全面开放新格局的新阶段。截至 2024 年，自贸区已经拓展至 22 个，作为中国对外开放的新高地，从更深层次推动中国开放经济深化和发展。在区域经济合作方面，习近平主席在 2013 年先后提出共建"丝绸之路经济带"和"21 世纪海上丝绸之路"（以下简称"一带一路"）的重大倡议，成为深受欢迎的国际公共产品和国际合作平台，并逐步推动形成以中国为主导的国际区域经济合作的新局面。随着中国特色社会主义进入新时代，中国对外开放也进入了新时代，新时代中国对外开放迎来了参与全球经济治理体系的全面开放新格局的重要时期，中国以积极主动的方式在 WTO 改革、G20 峰会、博鳌亚洲论坛上提出系列倡议，履行大国使命担当，也提升了中国参与全球经济治理的话语权。

三、扩大高水平开放的政策和路径

（一）以构建新发展格局为目标指引更高水平对外开放

构建以国内大循环为主体、国内国际双循环相互促进的新发展格局，是以习近平同志为核心的党中央根据我国发展阶段、环境、条件变化作出的重大决策。中国将工作重心转移到促进国内大循环，把实施扩大内需战略同高水平对外开放紧密结合，推动中国在新型国际大循环中处于更核心地位。面对逆全球化等多重冲击叠加的复杂环境，构建新发展格局对自立自强、安全发展和绿色低碳的要求达到了前所未有的高度。此时，唯有以更高水平对外开放对冲多重复杂环境，才是加快构建新发展格局的正解。

（二）以对外开放新高地建设引领更高水平对外开放

党的十八大以来，中国扎实推进自贸试验区、海南自由贸易港建设，加大对外开放压力测试力度，在投资贸易自由化便利化、金融创新服务实体经济、政府职能转变等方面展现出前所未有的改革力度。以实现程度更深、范围更广、水平更高的开放为目标，通过总结中国过往开放高地建设发展经验，树立对外开放典型，采取"以典带点，以点带面"的方针，打造对外开放的新高地，实现对外开放区扩容，推动中国在多重复杂环境下实现更高水平的开放。

（三）以制度型开放推动实现更高水平对外开放

习近平总书记在二十大报告中指出，"推进高水平对外开放""稳步扩大规则、规制、管理、标准等制度型开放"。由商品和要素流动型开放转向规则、规制等制度型开放并不只是简单地改变中国原有的开放模式，更重要的是挖掘更深层次开放内涵。要在此过程中向世界提出中国方案，做出中国贡献，以提高中国的国际话语权。为此，中国要继续坚持改革开放和发挥中国特色社会主义制度优势，贯彻"以国际标准倒逼国内改革，以制度优势引领转型"的思路，把握好规则、规制、管理和标准的内在联系。

（四）以粤港澳大湾区重大合作平台建设为抓手推进更高水平对外开放

国家先后在粤港澳大湾区布局建设横琴、前海、南沙、河套四个粤港澳重大合作平台，并给予这些重大合作平台在财税、金融、海关监管等方面一系列优惠政策。按照国家有关部署，应积极协调推动四个重大合作平台开展制度创新和改革实验，注重以立法的形式推动改革创新。在人员跨境流动、科研人员往来、货物跨境运输、海关监管、资金跨境使用等方面使内地全面对接港澳，以面向世界的姿态走在全国对外开放的前列。

（五）以建设社会主义市场经济体制为保障推进更高水平对外开放

《中华人民共和国国民经济和社会发展第十四个五年规划和 2035 年远景目标纲要》提出，要"全面深化改革，构建高水平社会主义市场经济体制"。习近平总书记在党的二十大报告中也明确了"构建高水平社会主义市场经济体制""坚持和完善社会主义基本经济制度"对实现高质量发展的深远意义。因此，适应高水平开放需要构建与之相应的高水平社会主义市场经济体制。当前中国经济已经高度融入世界经济，因此，国际国内两个市场已经从两个独立的存在逐渐走向了融合。在这种情况下，推进更高水平的开放并不仅仅是开放部门的问题，而是需要一些系统性集成性的内部制度创新来保障开放水平的提升，其中的破解之路就是建设进一步完善的社会主义市场经济体制。

完善跨地区交易增值税税制，
推动全国统一大市场建设

聂海峰 [①]

　　"加快构建以国内大循环为主体、国内国际双循环相互促进的新发展格局"是习近平新时代中国特色社会主义经济思想的重要内容之一。新发展格局明确了我国经济现代化的路径选择，强调立足国内，充分发挥我国超大规模市场优势，在内需主导、内部可循环基础上，通过发挥内需潜力，使国内市场和国际市场更好联通。增值税是我国商品和劳务流通中最重要的税种，随着跨地区交易的广泛存在和日渐增长，跨地区交易引起的留抵退税分担和电子商务税收归属问题对于地方财政收入和统一大市场建设日渐重要。

　　本文分析了当前跨地区交易增值税税制和全国统一大市场建设的不匹配问题，以及当前留抵退税分担机制的利弊，探讨了进一步完善增值税税制，促进全国统一大市场建设，构建国内大循环的方向和建议。

一、增值税税制现状

　　1994 年，分税制改革时存在营业税和增值税，营业税主要对建筑业和第三产业服务业征收，增值税对部分农业、第二产业和第三产业的批发零售行业征收。在 2016 年全面营改增改革完成后，所有征收营业税的行业都改征收增值税，营业税不复存在。增值税和营业税收入占 GDP 的比重的历史趋势呈倒"U"形，1994~1995 年占 GDP 的比重为 5.6%~6.1%，到 2007 年达到最高点 8.0%，之后一

---

① 聂海峰，经济学博士，中山大学岭南学院副教授。

路降低，于 2021 年降至 5.4% 左右。

增值税和营业税收入占税收收入比重则呈一路下降的态势。1994 年，增值税和营业税占税收收入的比重达到了 58% 左右，然后逐渐下降，2021 年下降至 37%。2022 年，由于大规模增值税留抵退税，增值税占税收收入的比重大幅下降。2022 年增值税税收收入占全部税收收入的比重略超过 30%。

增值税是我国目前税收收入中的第一大税种，是对经济中的货物和劳务交易普遍征收的税种，目前具有 13%、9% 和 6% 多档税率。根据销售规模，增值税纳税人分为一般纳税人和小规模纳税人，一般纳税人的增值税征收方式为应纳税额 = 销项税额 – 进项税额，小规模纳税人的增值税征收方式为销售额的固定比率。一般纳税人缴纳的增值税收入占了增值税全部税收收入的主要比重。

在当前的财政体制中，增值税是中央和地方的共享税，中央和地方分享比例比较清晰，中央和地方分别获得 50%。在省以下，增值税也是省内的省、市、县三级共享税。但是，省以下增值税收入分享方式因地制宜，各不相同，如广东省的省以下增值税分享比例为省级 25%、地级市 25%。地级市内的增值税分享方式由各市自行制定。在中央和地方分享增值税时，是由缴纳增值税的企业所在地政府和中央分享的。

由于在计算应纳税额时允许抵扣进项税额，增值税消除了重复征税。在产业链上，根据总收入 = 总支出可以得到经济中增加值等于经济中的最终消费，因此增值税是对经济中的增加值的税收，也是对最终消费的税收。当交易发生在同一地区时，增值税税基中的增加值和最终消费是重合的。但是当跨地区交易时，增值税收入是按照增加值还是按照消费确定增值税的归属会出现差异，不同的归属原则会影响两个地区的增值税收入。按照增加值确定交易中产生的增值税收入归属，将增值税收入归属给卖方所在地，被称为生产地原则；而按照最终消费确定交易中的增值税收入归属，将增值税收入归属给买方所在地政府，被称为消费地原则。

当前的增值税归属方式为生产地原则，随着中间生产和最终消费跨地区交易逐渐增加，引起了增值税留抵退税负担和电子商务税收分配问题。增值税留抵退税负担问题是由中间生产的跨地区交易引起的。如果下游生产企业和上游销售企业位于不同的地区，下游生产企业购进上游销售企业的中间投入之后需要下期才能形成销售，这时下游生产企业的增值税进项税额大于销项税额成为留抵税额。当留抵退税时，对应的税额由上游销售企业所在地获得，下游生产企业所在地还没有获得相应的税收收入，是否应当负担企业退税，这就是留抵退税负担问题。

如果销售企业和最终消费者位于不同地区，就产生了类似电子商务的跨地区税收分配问题。跨地区电商交易时消费者所在地政府和销售企业所在地政府位于不同的区域，当前的增值税归属方式使买方所在地的增值税收入流失，导致增值税地区收入差距增加。当前的增值税收入归属机制和跨地区全国统一大市场之间出现了新的问题和不一致。

二、留抵退税分担机制分析

增值税留抵的产生源于增值税税款抵扣的计算方法，当企业当期的销项税额小于进项税额时，不足抵扣的部分结转至下期继续抵扣，称为"留抵"。2019年之前留抵结转下期抵扣，2019年之后开始实行全行业留抵退税。2022年，新的组合式税费支持政策不仅扩大了留抵退税比例，也对制造业等13个行业实行了存量留抵退税。国家税务总局数据显示，2022年1月1日至11月10日，已退到纳税人账户的增值税留抵退税款达23097亿元，超过2021年全年退税规模的3.5倍。

2019年10月，国务院印发《实施更大规模减税降费后调整中央与地方收入划分改革推进方案》（国发〔2019〕21号），规定"增值税留抵退税地方分担的部分（50%），由企业所在地全部负担（50%）调整为先负担15%，其余35%暂由企业所在地一并垫付，再由各地按上年增值税分享额占比均衡分担，垫付多于应分担的部分由中央财政按月向企业所在地省级财政调库"。留抵退税分担机制降低了留抵退税企业所在地的财政资金负担，有利于留抵退税政策的执行。

理论分析表明，给予生产企业留抵退税，能够降低企业投资成本，扩大生产投入，在一定条件下可以增加经济中的总税收，提高消费者福利（聂海峰、刘怡，2022）。但当前的留抵退税分担机制也存在地区税收输出干扰地区财政收入，以及地区招商引资税收竞争和留抵退税分担机制不协调问题（聂海峰等，2023）。

根据产生留抵的交易来源，可将其分为地区间交易的留抵和地区内交易的留抵。根据留抵退税后是否可以回补的性质，留抵可以区分为"退税款可回补的留抵"和"退税款不可回补的留抵"。增值税留抵的原因主要包括季节因素、企业生命周期和生产经营周期等生产性因素，以及进项税率高于销项税率的税率倒挂、价格管制倒挂、国家储备等政策性因素。生产性因素引起的留抵在退税后未来可以回补，而对于政策性因素引起的留抵退税后未来不可回补，前者不减少增值税收入而后者减少增值税收入。

根据留抵的来源和留抵的性质可以将留抵退税分为四种情况：留抵来自地区间交易，退税款可回补；留抵来自地区间交易，退税款不可回补；留抵来自地区内交易，退税款可回补；留抵来自地区内交易，退税款不可回补。

在当前生产地原则下，留抵退税由企业所在地完全负担和各地分担对企业所在地财政收入有不同的影响。如果完全由企业所在地负担，企业所在地政府完全垫付留抵退税地方负担部分，除了来自地区间交易的退税款可回补的情形，其他三种情形下都会减少税收收入，降低财政资金可用性。但是留抵退税分担办法没有区分留抵的来源和留抵的性质，如果留抵退税款可回补，无论留抵是来自地区内交易还是地区间交易，留抵退税都可能产生地区之间的税收转移，有利于企业所在地政府。因为如果留抵来源于地区内交易，则留抵退税分担减少了其他地区的财政收入；而如果留抵未来退税款可回补，并不会影响企业所在地的财政收入。留抵退税对地方财政收入的影响依赖这四种情况留抵的比例结构。如果由于政策性因素产生的留抵比例较大，留抵退税也可能会减少政府的财政收入。

留抵退税分担和地区招商引资税收返还竞争相结合，可能会进一步恶化地方财政收入。举例来说，企业 1 是上游企业，企业 1 的销售会在下游企业形成留抵，进而下游企业留抵退税。企业 1 可以在地区 1 和地区 2 间选择，选择给予增值税地方留成中返还比例最高的地区生产。在当前生产地原则分享增值税和留抵退税分担机制下，地区间的竞争会出现这样的均衡：地区 1 虽然赢来了企业，但是财政收入下降了。地区竞争使每个地区都要给企业 1 全部税收返回，因此地区 1 把企业 1 缴纳的税收返回给了企业，但是要分担下游的留抵退税。如果地区 1 竞争失败，这时企业 1 下游留抵退税是地区内留抵退税，根据留抵退税分担机制地区 1 还是要分担留抵退税。招商引资竞赛出现"赢家的诅咒"：成功吸引了企业反而会减少当地的财力。

三、消费地原则和生产地原则比较

在中间生产留抵退税后，增值税在税基上等价于对最终消费征税的销售税，允许机器设备和固定资产抵扣的消费型增值税和生产地原则分配跨地区交易的税收存在内在冲突。留抵退税分担机制解决了部分资金负担问题，但引起了税收输出，恶化了地区税收竞争。改为消费地原则分享可以提高地方政府财政收入，防止税收竞争的侵蚀作用。因为以消费地原则分享跨地区交易的增值税时，增值税收入归属于买方所在地政府；当中间生产企业发生留抵退税时，由企业所在地负担留抵退税没有资金负担困难。按照消费地原则分配增值税可以由企业所在地负担留抵退税，对企业所在地的财政收入没有不利影响；按照消费地原则分配跨地区交易的增值税收入，也降低了地方政府竞争提供税收返还的激励。因为在消费地原则分配跨地区交易时，各地方政府的增值税收入是依赖当地消费的规模而不是生产的规模，企业区位的选择在不影响当地的消费时不会影响企业所在地的税收收入。

按照消费地原则分配跨地区交易增值税也可以解决电子商务发展引起的增值税地区分布不均衡（刘怡等，2022）。电子商务降低了跨地区交易的成本，扩大了消费者选择的范围，促进了全国统一大市场建设，实现了整体经济的效率增加。但是，跨地区交易增加和大范围的商业竞争，在生产地原则分配跨地区交易增值税时会产生赢家和输家，不同地区的增值税收入差距扩大。而按照消费地原则分配跨地区交易的增值税，扩大的电子商务交易会增加而不是减少买家所在地的增值税收入，消费越多税越多（无论是线下购买还是线上购买），这既有助于均衡各地的增值税收入分布，也有利于提升电子商务的效率实现各地区帕累托改进。

相较于生产地原则分配税收，消费地原则分享地区间增值税是一种改进方式，但是对地方财政收入格局影响较大。聂海峰等（2023）研究测算了按照消费地原则分配税收对各地区增值税收入的影响，发现会产生3000亿~4000亿元税收在空间重构，使北京、上海、天津等8个省份增值税收入减少，其他省份的增值税收入增加。税收减少地区的增值税调整占当地增值税收入的比重达到了50%，因而消费地原则改革的税收收入地区分布影响较大。

四、需要进一步研究的问题

按照消费地原则分配跨地区交易增值税是适应全国统一大市场建设，适应中间生产和最终消费跨地区交易规模扩大的税制完善方向。消费地原则是统一解决留抵退税分担问题和电子商务地区分布不平衡问题的方案，这两个问题也可以分别单独解决。解决留抵退税分担问题的重点是资金来源问题，解决地区电子商务税收转移问题的重点是税收收入分配问题。

从长期来看，解决跨地区交易全国统一大市场建设和增值税地区分配不一致问题有三个方向：一是将增值税由中央和地方共享税改为中央税，由中央负责留抵退税和出口退税后，再将增值税收入一定比例按照一定的方式通过转移支付分配给各个地方。二是将增值税改为销售税，只是对最终消费征税，不对企业中间生产和投入征收税收。销售税和增值税相比，丧失了增值税从产业链征收的特点。三是保持增值税，将地方分享增值税的方式由当前的生产地原则改为消费地原则，同时改革出口退税分担制度，将增值税的征收与分享分离，按照当前的方式征收，但是按照消费地原则进行分享。

从短期来看，解决留抵退税负担问题主要是退税的地方资金问题，可依以下思路进行：一是维持当前分担机制，控制留抵退税规模。虽然可能会产生地区税收输出，但是 1 万亿元留抵退税最多有 3500 亿元税收输出。二是改为企业所在地自行负责，发行政府债券平滑收入波动，对退税后不可回补留抵退税适当增加中央转移支付。三是成立中央托管基金，由各地根据来自跨地区交易的留抵规模比例出资，退税时向托管基金借款并支付利息（李健、杨雯钧，2022；梁育从，2023）。

解决电子商务地区税收转移问题，可将电子商务的增值税作为特定专案研究，针对面向消费者销售的税收出台特定的分配方法；或者将电子商务的税收分配结合在增值税整体税制改革的一部分同时改革，通过省际清算或者中央转移支付实现增值税消费地原则进行分配。具体省际清算的机制可以参考刘怡等（2022）的研究。

随着全国统一大市场的建设和以内需为主的经济内循环发展，增值税地区分享方式和现实经济发展不一致的问题更加凸显。以上讨论的长期解决方案，对于中央和地方的积极性、分配机制的可行性和可信性，以及和省以下分税制协调而言，都是值得进一步研究的内容和方向。

参考文献

［1］李健、杨雯钧：《增值税留抵退税省级分担机制问题研究》，《中国财政》2022 年第 6 期。

［2］梁育从：《优化留抵退税政府间分担机制的思考》，《中国财政》2023 年第 8 期。

［3］刘怡、聂海峰、张凌霄等：《电子商务增值税地区间分享和清算》，《管理世界》2022 年第 1 期。

［4］聂海峰、刘怡：《增值税留抵退税政策的影响和分担机制》，《经济研究》2022 年第 8 期。

［5］聂海峰、耿纯、刘怡：《留抵退税负担机制、消费地原则与政府增值税收入》，《管理世界》2023 年第 12 期。

有效应对中国跨境资本流入急停的
政策建议

王　伟[①]

自 20 世纪 90 年代以来，随着信息技术革命的不断深入和各国金融开放程度的提高，跨境资本流动规模不断增加。但是，国际资本流动具有天然的不稳定性，其剧烈的波动给各国汇率和利率带来巨大的冲击，加速了国内资产价格泡沫破裂，导致金融不稳定性程度提高，甚至可能诱发严重的货币危机、系统性银行危机及主权债券危机，威胁各国的经济与金融安全。中国在开放型经济新体制建设的进程中，对外金融开放程度日益提高，也必然会更加频繁地遇到国际资本异常流动事件的冲击。因此，如何合理地运用政策工具，缓解国际资本异常流动与中国经济金融体系的冲击，是一个非常重要的问题。

一、国际资本流入急停的概念

国际资本异常流动的概念起源于卡尔沃在 1998 年提出的国际资本流动急停（Sudden Stop），即新兴市场经济体净资本流入的突然减少。在 20 世纪中后期，大量新兴市场经济体大量通过国际贷款的形式为其经常账户赤字融资。在急停发生后，从世界其他地区净借款的国家无法再为经常账户赤字融资，所以资本净流动急停会引发经常账户逆转（Current Account Reversal）。因此，有学者认为可以使用经常账户的逆转衡量国际资本流动急停，即使用一年内经常账户顺差的增加或逆差的减少（净资本流入的减少）超过样本均值的两个标准差来衡量急停。也

---

① 王伟，经济学博士，中山大学岭南学院副教授，研究方向为国际金融。

有学者认为，可从总资本流入的视角测度国际资本流入急停，如果一定时期内一国资本流动下降的幅度超过该国 GDP 的 5%，并且降幅超过其均值的一个标准差，则认为发生了国际资本流动急停。

但是，随着国际资本流动规模的不断增加，即使是在新兴市场经济体，跨境资本也呈现双向流动的特征，而不再简单地仅从发达国家融资。与此同时，金融全球化的加速导致即使在发达国家，也面临国际资本流动"大进大出"的现象。因此，福布斯和沃诺克两位学者开创性地通过区分流入与流入、本国投资者与外国投资者的方式，将异常国际资本流动分解为四个不同的方面：国际资本流入急停（Sudden Stop），即外国投资者流入本国资本数量的大规模下降；国际资本流入激增（Surges），即外国投资者流入本国资本数量的大规模增加；资本外逃（Sudden Flight），即国内资本的突然外逃；回流（Retrechment），即本国居民的海外资产大量回流本国。在这四种不同类型的异常资本流动中，国际资本流入急停现象产生的危害最大。一方面，国际资本流入急停起因于国际资本流入的激增，大量境外资本的流入会催生本国的资产价格泡沫，产生金融不稳定；另一方面，在金融不稳定达到一定程度后，境外资本又会加速撤离，资产价格泡沫破灭，诱发严重的货币危机与银行危机。

理论上，国际资本流入急停主要通过包含金融摩擦的凯恩斯效应和费雪"债务—通货紧缩"机制这两个渠道导致经济衰退。前者是在凯恩斯主义的价格及工资粘性基础上引入外部融资溢价和"金融加速器"机制。根据国民账户等式，资本流入急停意味着经常账户逆转，同时信贷收紧，导致总需求和产出下降；此外，在"金融加速器"的作用下，银行惜贷又提高了企业的外部融资溢价，导致信贷的进一步下降并加剧经济的螺旋式衰退。后者是抵押贷款约束驱动的费雪"债务—通货紧缩"机制。国际资本流入急停导致抵押担保约束收紧，在一般均衡模型中引入了包含不确定性、风险规避及信贷摩擦条件下的"偶然紧"抵押担保约束，放松了以往研究中的市场完美、"总是紧"约束或冲击外生等假设，将抵押担保约束内生化。这类研究表明，抵押担保约束对资本流入急停冲击的反应具有放大效应，即经济扩张期间，杠杆会上升，而当其上升到一定程度时，经济体的不利冲击更有可能触发抵押贷款约束，导致企业陷入困境，被迫抛售资产，进而压低了资本价格，并引发了信贷和产出收缩的恶性循环。但是，也有观点认为，国际资本流入急停并不一定会导致经济衰退。一方面，在没有其他冲击或摩擦的情况下，资本流入急停后，净出口增加以偿还债务，并通过增加政府消费，反而可能带动劳动力和产出的增加；另一方面，国际资本流入急停会导致汇率贬值，如果满足马歇尔 – 勒那条件，净出口的增加将通过乘数效应促进经济增长。但是，现实经验证据主要支持国际资本流入急停降低经济增速的观点，并且在开放程度低、汇率弹性小、更依赖外部融资且外汇储备较少的国家，国际资本流入急停对实际经济增长的负面影响更为显著。

二、中国的跨境资本流入急停现象

自次贷危机之后，中国的外资流入波动性较之前大幅增加。2013 年和 2014 年，外资流入中国规模分别高达 5633 亿美元、4115 亿美元，但 2015 年产生了 1010 亿美元的外资净流出；无独有偶，2021 年外资流入中国规模达到创历史纪录的 6764 亿美元，2022 年资本流向却急剧反转，全年产生了 294 亿美元的外资净流出，2023 年前三季度也出现外资净流出，规模达 389 亿美元。外资的 "大进大出" 是国际资本流入 "激增" 和 "急停" 的典型特征，在外资的剧烈冲击下，人民币汇率和中国股票市场也呈现剧烈动荡的现象。例如，在 2015 年左右，为应对外资大量流出导致的汇率剧烈波动，中国的外汇储备规模由 4 万亿美元下降至 3 万亿美元。

为找到外资剧烈波动的原因，我们根据国际收支平衡表，将外资流入分解为外商直接投资流入、证券投资流入以及其他投资流入三个部分。可以发现，在 2015 年前后，外资净流出主要由银行贷款组成的其他投资驱动，一个可能的原因是境内房地产企业的境外贷款大规模的流出。在 2022~2023 年，无论是其他投资、证券投资还是直接投资均呈现大幅下滑的趋势。甚至在 2023 年第三季度，自中国公布国际收支数据以来，外商直接投资首次出现净流出的现象。因此，在新时期各种不同类型的资本均呈现流入规模大幅下降的情形下，防范国际资本流入急停的难度势必大幅增加。

在境外资本流入出现下降现象的同时，中国境内居民也出现了非法资本外逃。这表现在中国国际收支平衡表中净误差与遗漏项自 2009 年以来长达 10 余年单边为负，中国大陆报告的贸易额与交易对方汇报的镜像值存在较大的差异，以及中国居民借 5 万美元的自由换汇额度通过虚假旅游支出的形式将资金转移至境外。境内居民资金流出的增加与境外资本流入规模的骤降相结合，必将对股票市场、房地产市场产生更大的冲击，以及导致人民币汇率更大的贬值压力。

三、政策与建议

为应对日益频发的国际资本流入急停事件对中国金融体系以及人民币汇率的冲击，本文认为可从以下几个方面入手：

第一，对跨境资本流动实施逆周期的资本管制。国际资本流动具有典型的顺周期性，在经济形式高涨时国际资本流入增加，催生资产价格泡沫，汇率高估，在经济形式不景气时迅速抽逃，导致资产价格暴跌以及汇率贬值，严重时甚至可能诱发系统性银行危机和货币危机。鉴于国际金融资本对本国经济金融体系强烈的负外部效应，本文认为，虽然中国在逐渐扩大金融开放，但依然应该严格监控对实体经济危害较大的套利套汇资金，通过逆周期的资本流动管理"熨平"国际资本流动的波动。

第二，通过外汇市场干预的方式避免汇率的剧烈波动。即使对于浮动汇率的国家来说，也存在大量的外汇市场干预行为，只要干预的目标不是维持某一固定平价，而是避免汇率的剧烈波动即可。因此，人民币汇率形成机制改革绝不代表应当放松对汇率的合理干预。尤其是在境内企业，房地产企业存在大量外币负债的情形下，如果在国际资本流入急停时不能够避免汇率的大幅贬值，必然会放大上述企业的外债敞口，恶化企业的资产负债表，危及整个金融体系的稳定。

第三，降低境内企业的杠杆率至较为合意的水平。理论研究表明，国际资本流入急停主要通过"债务—通缩"渠道影响实体经济。因此，本国企业杠杆率越高时，国际资本流入急停对企业的影响就越大。而金融危机爆发的历史经验表明，居民部分、政府部分以及企业部门的高杠杆率，是诱发货币危机、银行危机以及欧洲债券债务危机的根本原因。

促进消费，
夯实经济高质量发展的基础

周先波　李　媛[①]

30 多年前，邓小平同志提出"发展才是硬道理"，引领中国走好改革开放的"必由之路"，创造出经济发展的"中国奇迹"；30 多年后，这一论断不是过时了，而是历久弥新。当前，中国特色社会主义进入新时代，中国社会主要矛盾发生新变化，对什么才是"硬道理"提出了更高的要求，"硬道理"的标准从"发展"进一步上升为"高质量发展"。高质量发展成为新时代中国社会经济发展的鲜明主题。

推动经济高质量发展，促进消费势在必行。党的十八大报告提出，"加快建立扩大消费需求长效机制，释放居民消费潜力"；党的十九大报告强调，"增强消费对经济发展的基础性作用"；党的二十大报告进一步指出，"要坚持以推动高质量发展为主题，把实施扩大内需战略同深化供给侧结构性改革有机结合起来，增强国内大循环内生动力和可靠性""着力扩大内需，增强消费对经济发展的基础性作用"。

在高质量发展主题下，消费对经济发展的基础性作用如何体现，又该如何进一步夯实？本文从增进人民福祉、拉动经济增长、助力构建新发展格局三个方面，分析消费基础性作用的理论基础与现实依据，最后指出要通过进一步发挥国际消费中心的示范作用，做好供需双侧管理促进消费，充分释放消费对经济高质量发展的基础性作用。

---

① 周先波，中山大学岭南学院教授、博士生导师，研究方向为数量经济、消费经济等；李媛，中山大学岭南学院硕士研究生，研究方向为金融学、消费经济。

一、消费是增进人民福祉的关键工程

消费对经济高质量发展的基础性作用，其理论基础在于马克思主义消费理论与习近平新时代中国特色社会主义经济思想。

马克思主义消费理论指出消费与生产是对立统一关系，而不是资产阶级经济学视域下的割裂关系。"没有生产，就没有消费。但是，没有消费，也就没有生产，因为如果没有消费，生产就没有目的。"[①] 作为社会再生产的最终环节，"消费是在把产品消灭的时候才使产品最后完成"。在消费与生产的对立统一关系视角下，生产停止消费也停止，消费停止生产也停止，从而把发展消费力提高到与发展生产力相同的高度。这就赋予了消费的生产目的属性，赋予了生产力发展的人民性特征。这一特征在邓小平同志"南方谈话"中关于社会主义本质的论述中得到彰显，"社会主义的本质，是解放生产力，发展生产力，消灭剥削，消除两极分化，最终达到共同富裕"。在社会主义中国，解放和发展生产力本身不是目的，实现共同富裕才是最终目的。

党的十八大以来，习近平新时代中国特色社会主义经济思想在波澜壮阔的经济改革发展实践中应运而生，这是马克思主义政治经济学基本原理同中国具体实际相结合、同中华优秀传统文化相结合的理论结晶，是新时代做好经济工作的根本遵循和行动指南。人民立场是习近平新时代中国特色社会主义经济思想的根本立场。经济高质量发展是"以人民为中心"的发展，高质量发展不同于高质量增长，其关键是要增进人民的福祉。消费的主要落脚点是人，关系居民生活品质，关系人民美好生活需要，关系人的全面发展。作为增进人民福祉的关键工程，消费高质量发展构成了经济高质量发展的重要环节。

二、消费是拉动经济增长的重要动能

消费对经济高质量发展的基础作用，数量上体现为对经济增长的贡献，质量上体现为对经济增长动能转变的贡献（周亚虹、周先波，2021）。

在数量上，消费是创造国内生产总值的重要环节。按照支出法生产总值的定义，国内生产总值由居民消费、政府消费、投资和净出口构成。消费对经济增长的贡献，可以用最终消费支出对国民生产总值增长的贡献率进行测度。图 1 所

[①] 《马克思恩格斯选集》第 2 卷，人民出版社 2012 年版，第 691 页。

示为我国改革开放以来"三驾马车"对经济增长的贡献率。整体来看，消费贡献率较投资与净出口的贡献率相对稳定，发挥着"稳定器"和"压舱石"的作用；分阶段来看，在改革开放后中国经济发展的不同阶段，最终消费支出对国民生产总值增长的贡献也发生了显著变化。改革开放初期，消费贡献率波动下行，在 1994 年跌至 35.1% 的低值。进入 21 世纪以来至 2019 年，消费贡献率波动上升。特别是在 2014~2019 年，消费连续 6 年超过投资成为"三驾马车"中的"领头马"，2019 年贡献率达 58.6%。2020 年，受全球性新冠疫情影响，消费在改革开放以来首次对经济增长做出"负贡献"。然而，仅用一年的时间，消费贡献率在 2021 年就触底反弹达 58.3%，基本与疫情暴发前的 2019 年持平，展现出我国消费市场的强大经济韧性、超大规模优势与巨大增长潜力。2023 年，消费贡献率创造新世纪新高，达 82.5%，远超 28.9% 的投资贡献率与 –11.4% 出口贡献率。可以说，中国经济增长由投资拉动型向消费推动型转变。

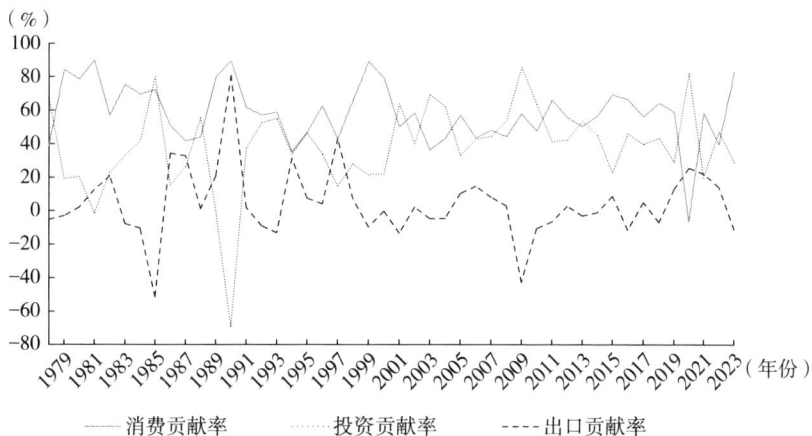

图 1　1978~2023 年"三驾马车"对经济增长的贡献率

资料来源：国家统计局。

在质量上，消费的高质量发展可以加速经济增长动能转变。最终消费支出可以分为居民最终消费支出和政府最终消费支出，其中又以居民最终消费支出为主。消费是拉动经济增长的重要动能，而居民最终消费支出结构变化可以反映经济增长动能转换。恩格尔系数测度了居民生存消费需求。发展和享受型消费支出占总消费支出的比例测度了居民发展和享受消费需求。因此，这两个指标可以用来衡量居民消费结构。

图 2 所示为 1978~2023 年我国居民恩格尔系数变动趋势。可见，1978~2023 年，我国居民恩格尔系数从 63.9% 稳步下降至 29.8%。其中，城镇居民恩格尔系数从 57.5% 下降到 28.8%，农村居民恩格尔系数从 67.7% 下降至 32.4%。长期以来，农村居民恩格尔系数高于城镇居民。改革开放初期，城镇和农村居民恩格尔系数差距曾一度拉大，在 1999 年差距达到最大，农村居民恩格尔系数高于城镇居民 10.7 个百分点。此后两者差距趋于缩小。在 2018 年和 2019 年，城镇和农村居民恩格尔系数差距达到近 20 年最小，仅为 2.4%，表明中国经济发展更加协调，更显公平。

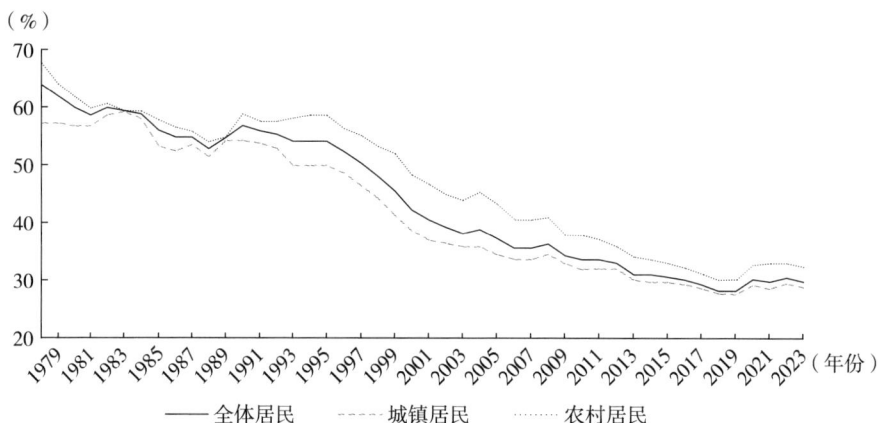

图 2　1978~2023 年我国居民恩格尔系数趋势

注：因缺失 1979 年农村居民恩格尔系数和城镇居民恩格尔系数数据，这里用 1978 年和 1980 年两年的平均值作为 1979 年的相应值。

资料来源：国家统计局。

图 3 所示为 1993~2023 年我国城镇和农村居民消费结构的变化趋势。这里的发展和享受型消费支出定义为医疗保健、交通通信和娱乐文化教育服务消费支出的总和。可见，1992~2023 年，城乡居民发展和享受型消费占比呈上升趋势，表明城乡居民消费结构持续改善。2023 年，城镇居民发展和享受型消费占比 33.14%，较 1992 年上升了 19.2 个百分点；农村居民发展和享受型消费占比 34.90%，较 1992 年上升了 22.8 个百分点。医疗保健、交通通信和娱乐文化教育服务消费越来越多地受到居民的重视，将成为中国经济新的增长点。扩大和升级消费对经济高质量发展的重要性日益显著，消费结构升级优化成为我国经济持续健康发展的重要驱动力。

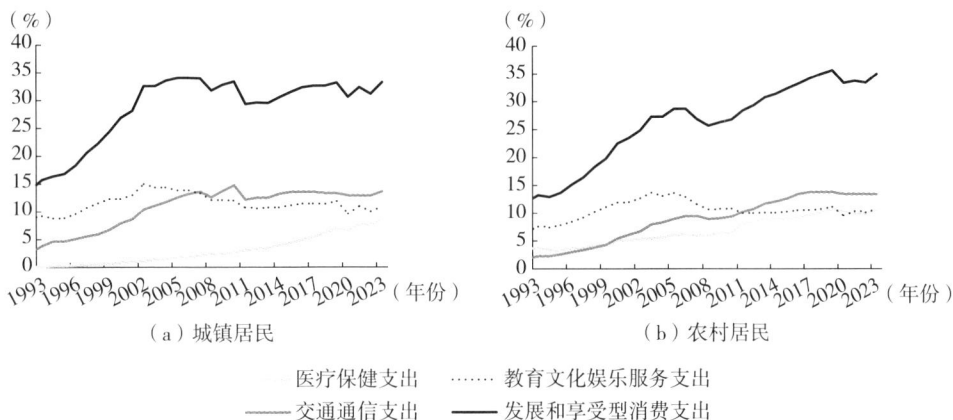

（a）城镇居民   （b）农村居民

　　医疗保健支出　　…… 教育文化娱乐服务支出

　　交通通信支出　　—— 发展和享受型消费支出

图 3　1993~2023 年我国城镇和农村居民消费结构变化趋势

资料来源：同花顺 iFinD。

三、消费是构建新发展格局的有力支撑

消费对经济高质量发展的基础性作用，内嵌于以国内大循环为主体、国内国际双循环相互促进的新发展格局的构建。

新发展格局以国内大循环为主体，国内大循环要建立在内需主动力的基础上。近年来，我国加快经济由外需拉动向内需驱动转换。外贸依存度是衡量一国的经济发展对国际循环依赖程度的指标，量化为进出口总额占国内生产总值的比重。根据国家统计局数据，中国在改革开放以来，外向型经济迅速发展，外贸依存度在改革开放的前 30 年，特别是 2001 年加入世界贸易组织（WTO）之后，一路上涨，并于 2006 年达到峰值，为 64.2%，较 2001 年的 38.1% 增加了近 1 倍，较 1978 年的 9.65% 增加了近 6 倍。随后，中国用 10 年时间，努力将这一指标下降至 2016 年的 32.6%。当今时代，"两个大局"交织激荡，改革开放前 30 年里过度依赖国际循环的发展模式不可持续，是国内改革、发展、稳定的严重隐患。近年来，在中美贸易摩擦、国际局部冲突等不稳定国际因素影响的大背景下，中国积极推动"一带一路"，推动共建国家经贸发展和全球多边主义合作，企业加速"出海"，对外贸易依存度有了小幅上升；但即使如此，中国对外贸易依存度也一直被控制在 35% 以内。

目前，中国存在的最终消费不足，特别是居民消费不足的问题，制约着依靠内需主动力的国内大循环的构建。国家统计局数据显示，自改革开放以来，整体上中国最终消费率和居民消费率均呈明显下降趋势。例如，2010年最终消费率一度下降至49.3%，同期居民消费率下降至34.6%。虽然2010年后最终消费率有所上升，但依然程度有限。2023年，中国的居民消费率仅为39.19%，明显低于世界55%的平均水平，依然存在较大的增长空间。关于居民消费率偏低的原因，学术界通常从消费能力和消费意愿两个方面解释。"消费能力说"强调收入约束对个体消费行为的影响，主要考察居民收入水平对消费行为的影响；"消费意愿说"侧重考察居民边际消费倾向对消费率的影响。对于影响边际消费倾向的因素，已有学者从城乡二元结构（万广华等，2022；雷潇雨、龚六堂，2014）、分配制度（方福前，2009；杨汝岱、朱诗娥，2007）、社会保障（张川川等，2015；臧文斌等，2012）等正式制度，社会网络、社会资本、文化传统等非正式制度（田子方等，2022；黄少安、孙涛，2005），以及住房价格（孙伟增等，2020；杜莉等，2013）等方面开展研究。

在拥有14亿多人口的中国，居民消费率长期偏低的问题，成为畅通国内大循环，促进国内国际双循环的痛点与堵点，对创新、协调、绿色、开放、共享的新发展理念的贯彻带来不利影响。在中国超大本土市场规模里，消费作为需求侧的因素，其变化能更有效带来供给侧因素的变化，加速供需匹配，惠及社会公众；其大小能更深刻影响全球价值链和产业链区域布局；其方向能更容易引致技术创新和绿色发展。因此，要更好发挥消费对构建新发展格局的支撑作用，需要加快培育建设国际消费中心城市①，打造一批区域消费中心，发挥超大本土市场规模优势，畅通国内经济大循环，对接全球消费市场资源，打造国内国际双循环相互促进的重要环节和新型平台。

四、发挥国际消费中心的示范作用

在全球化进程加快和消费升级的背景下，国际消费中心的地位愈加重要。国际消费中心不仅是全球消费市场的重要组成部分，也在推动区域经济发展、引领消费趋势、促进文化交流等方面发挥着关键作用，对我国提高对外开放水平、提升国际影响力、促进经济高质量发展具有重要意义。2021年7月，北京、上海、广州、天津和重庆五个城市经国务院批准率先开展国际消费中心城市的培育建设。这些城市将站在国内国际双循环的交叉点上，发挥对内需的有力支撑作用，

---

① 参见《扩大内需战略规划纲要（2022—2035年）》。

向世界展示中国消费实力。

国际消费中心城市应具备较高的国际影响力，在国际舞台上应该广泛为人所知，在城市发展过程中积极参与全球化和有效利用国际资源；应具备较强的消费能力和高水平的消费体量；应能够辐射周边地区，促进周边地区消费潜力的同步释放，拉动全国消费潜力的进一步释放。有效发挥国际消费中心的示范作用，需从基础设施建设、政策支持、创新驱动、品牌塑造和国际合作等多个方面做好工作。

第一，要建设完善的基础设施。现代化的交通网络、高效的物流系统和便捷的支付手段是吸引全球消费者的重要条件。建设国际机场、高铁枢纽和港口，提升跨境运输效率，进一步使交通便利化；采用物联网和大数据技术优化供应链管理，实现物流的高效、精准配送，形成智慧物流；推广无现金支付系统，支持多种国际支付方式，提升消费便捷度，使支付手段便捷化。

第二，要有坚定的政策支持。政府在打造国际消费中心中扮演着重要角色，政策的支持可为消费中心的发展提供良好的环境。针对国际品牌和高端消费品提供税收减免，吸引更多国际企业入驻，推行税收优惠。简化签证手续，推出免签或落地签政策，签证便利，方便国际游客和商务人士的流动。加强知识产权保护，保障国际品牌的合法权益，营造公平竞争的市场环境。

第三，创新驱动激活国际消费中心。科技创新是国际消费中心保持竞争力的关键，通过技术创新和商业模式创新，可提升消费体验，满足消费者多样化的需求。推动零售企业数字化升级，利用大数据分析消费者行为，提供个性化的服务和产品推荐，实现数字化转型；融合线上线下消费场景，打造沉浸式购物体验，如虚拟现实购物、无人店铺等，创建新零售模式；崇尚绿色消费，推广环保产品和可持续消费理念，满足消费者对绿色产品的需求，提升消费中心的社会责任形象。

第四，让国际消费中心成为品牌展示的平台。通过品牌塑造，提升消费中心的国际知名度和影响力；举办国际展会，定期举办国际消费品博览会、时尚周等活动，吸引全球知名品牌和消费者参与；进行多元文化展示，通过美食节、文化节等活动展示多元文化，吸引国际游客，提升消费中心的文化内涵；推动品牌联动，与国际知名品牌合作，开展联名活动和限量商品发售，增强品牌吸引力。

第五，加强国际合作。国际消费中心的发展离不开国际间的合作与交流，通过加强与其他国际消费中心的合作，共享资源、经验和市场，促进共同发展。与跨国企业建立战略合作伙伴关系，引进国际先进管理经验和商业模式，进行跨国企业合作。积极参与世界贸易组织、国际消费协会等国际组织的活动，提升国际话语权和影响力。与其他国际消费中心城市建立友好城市关系，开展定期交流活动，共享发展经验和市场资源。

总之，发挥国际消费中心的示范作用是一个系统工程，需要政府、企业和社会多方协同努力。通过完善基础设施、提供政策支持、推动创新驱动、塑造品牌形象和加强国际合作，有效提升国际消费中心的综合竞争力，促进全球消费市场的繁荣发展。国际消费中心不仅是经济增长的引擎，更是文化交流和创新发展的重要平台。

五、促进消费：做好供需双侧管理

要增强消费对经济高质量发展的基础性作用，须打通制约居民消费的痛点和堵点，促进消费。这不仅意味着要扩大消费，增加消费数量，更意味着要改善消费，增进消费质量。要切实增强居民消费能力，提升居民消费意愿，加强需求侧管理，推动供给侧结构性改革。

在需求侧，要提高居民可支配收入，让居民"能消费"。宏观上，要提高居民收入在国民收入分配中的比重，提高劳动报酬收入在初次分配中的比重，增加低收入者收入，扩大中等收入群体，缩小收入差距。微观上，要抓好就业这一最大的民生，积极创造就业岗位，畅通就业渠道，特别是要着力破解城乡二元结构，健全城乡统一劳动力市场，促进平等就业，让每个人有活干、有钱挣。要完善公共服务体系，让居民"敢消费"。要在住有所居、病有所医、老有所养、学有所教等方面着力破解民生难题，构建城乡一体融合、公正公平合理的社会保障体系，解决好新市民、青年人的住房问题，抑制住房价格过快上涨对居民消费可能存在的"挤出效应"，引导居民预防性储蓄需求保持在合理区间，提高居民消费边际倾向。

在供给侧，要满足居民的高质量消费需求，让居民"想消费"。要优化消费供给，加快培育和建设国际消费中心城市，聚集全球优质消费资源和多元市场主体，推动区域消费联动发展。要培育新型消费，利用好互联网、大数据、云计算、人工智能、区块链等前沿技术，发展新质生产力，抓住数字消费、绿色消费、健康消费等趋势潮流，将技术优势切实转化为最终消费成果。要畅通从生产到消费的中间环节，不断推进基础设施完善和政务服务优化。交通运输基础设施上，要构建高质量综合立体交通网，扩大优质客运货运服务供给，实现智能、创新、绿色、开放、安全的发展[①]。数字信息基础设施上，要推广5G，布局6G，推动卫星互联网建设[②]，加快构建全国一体化算力网[③]。政务服务环境上，要改善营商环境，打好政策"组合拳"促进消费，提高入境消费者便利化程度。

参考文献

［1］杜莉、沈建光、潘春阳：《房价上升对城镇居民平均消费倾向的影响——基于上海市入户调查数据的实证研究》，《金融研究》2013年第3期。

［2］方福前：《中国居民消费需求不足原因研究——基于中国城乡分省数据》，《中国社会科学》2009年第2期。

［3］黄少安、孙涛：《非正规制度、消费模式和代际交叠模型——东方文化信念中居民消费特征的理论分析》，《经济研究》2005年第4期。

［4］雷潇雨、龚六堂：《城镇化对于居民消费率的影响：理论模型与实证分析》，《经济研究》2014年第6期。

［5］孙伟增、邓筱莹、万广华：《住房租金与居民消费：效果、机制与不均等》，《经济研究》2020年第12期。

［6］田子方、李涛、伏霖：《家庭关系与居民消费》，《经济研究》2022年第6期。

［7］万广华、罗知、张勋，等：《城乡分割视角下中国收入不均等与消费关系研究》，《经济研究》2022年第5期。

［8］杨汝岱、朱诗娥：《公平与效率不可兼得吗？——基于居民边际消费倾向的研究》，《经济研究》，2007年第12期。

［9］臧文斌、刘国恩、徐菲，等：《中国城镇居民基本医疗保险对家庭消费的影响》，《经济研究》2012年第7期。

［10］张川川、John Giles、赵耀辉：《新型农村社会养老保险政策效果评估——收入、贫困、消费、主观福利和劳动供给》，《经济学（季刊）》2015年第4期。

［11］周亚虹、周先波：《准确认识消费对经济发展的基础性作用》，中国社会科学网，http://baijiahao.baidu.com/s?id=1709048768059384928&wfr=spider&for=pc，2021年8月25日。

---

① 参见《"十四五"现代综合交通运输体系发展规划》。
② 参见《工业和信息化部等七部门关于推动未来产业创新发展的实施意见》。
③ 参见《国家发展改革委等部门关于深入实施"东数西算"工程加快构建全国一体化算力网的实施意见》。